中国高铁出版工程——科普系列

磁浮高铁简史

编著：胡启洲

西南交通大学出版社
·成 都·

图书在版编目（CIP）数据

磁浮高铁简史 / 胡启洲编著. —成都：西南交通大学出版社，2021.11
ISBN 978-7-5643-8158-5

Ⅰ. ①磁… Ⅱ. ①胡… Ⅲ. ①磁浮铁路–高速铁路–历史 Ⅳ. ①U237

中国版本图书馆 CIP 数据核字（2021）第 240077 号

磁浮高铁简史
编著：胡启洲

出 版 人	王建琼
策 划 编 辑	黄庆斌　周 杨
责 任 编 辑	杨 勇
封 面 设 计	曹天擎
出 版 发 行	西南交通大学出版社 （四川省成都市二环路北一段 111 号 西南交通大学创新大厦 21 楼）
发行部电话	028-87600564　028-87600533
邮 政 编 码	610031
网　　　　址	http://www.xnjdcbs.com
印　　　　刷	四川煤田地质制图印刷厂
成 品 尺 寸	170 mm × 230 mm
印　　　　张	9.25
字　　　　数	137 千
版　　　　次	2021 年 11 月第 1 版
印　　　　次	2021 年 11 月第 1 次
书　　　　号	ISBN 978-7-5643-8158-5
定　　　　价	35.00 元

图书如有印装质量问题　本社负责退换
版权所有　盗版必究　举报电话：028-87600562

前 言

"交通强国、筑梦前行"。为了普及高铁知识，促进铁路知识的传播与交流，继"高铁史话系列"[包括《高铁简史》、《高铁简史》(英文版)、《高铁问答》和《高铁问答》(英文版)]后，笔者的团队又完成了"高铁三部曲"（包括《筑梦超级高铁》《磁浮高铁简史》《高铁知识趣谈》）。这本《磁浮高铁简史》就是"高铁三部曲"之一。

高铁是高速铁路的简称，而磁浮高铁是磁悬浮高速铁路的简称。《磁浮高铁简史》作为一本科普读物，介绍了磁浮高铁的基本概念、相关原理、属性特征与发展历程等内容。本书整理了现阶段国内外磁浮高铁的主要成果，诠释了磁浮高铁发展的过去、现在和未来，并从理论与技术两个不同的方面，向读者阐述了磁浮高铁的基本内涵，让读者了解磁浮高铁的发展态势。

《磁浮高铁简史》由高速铁路科学研究所胡启洲老师团队创作。团队创作成员主要有邱乐侠、房新、雷爱国、李慧慧、田晓芳、吴啸宇、高洁、吴翙凯、李陈洋等研究生。

本书语言通俗、图文并茂、简单易懂，适合作为高铁爱好者的科普读物，也可以作为科研工作者、工程技术人员、管理工作者、大专院校师生的读物。书中部分图片和个别内容来自网络，作者也参考了大量国内外著作和文章，以参考文献形式列于书后，但由于来源复杂，条件所限，恐难一一标示，在此对其原作者和相关人员表示诚挚的感谢和敬意。本书写作中得到编辑部同人的无私帮助，对其表示衷心感谢。

"科技强国、科普惠民"。编著科普读物，惠及大众是我们每个人的最高境界。但因时间关系和水平所限，书中难免有疏漏和不当之处，敬请大家赐教批评。

编著者
2021 年 3 月

目 录

第1章 绪 论 ·· 1
  1.1 高铁系统的属性特征 ·································· 2
  1.2 轮轨高铁的发展历程 ·································· 9
  1.3 磁浮高铁的发展态势 ·································· 12
  1.4 小 结 ·· 14

第2章 磁浮高铁的概念术语 ·································· 15
  2.1 基本概念 ·· 16
  2.2 常用术语 ·· 26
  2.3 磁浮原理 ·· 31
  2.4 小 结 ·· 36

第3章 磁浮高铁的基本原理 ·································· 37
  3.1 磁浮高铁的相关原理 ·································· 38
  3.2 磁浮高铁的主要类型 ·································· 47
  3.3 小 结 ·· 66

第4章 磁浮高铁的属性特征 ·································· 68
  4.1 安全性 ·· 68
  4.2 环保性 ·· 70
  4.3 节能性 ·· 73
  4.4 可靠性 ·· 75
  4.5 适用性 ·· 77
  4.6 经济性 ·· 78
  4.7 战略性 ·· 80
  4.8 社会性 ·· 81
  4.9 小 结 ·· 81

第 5 章　磁浮铁路的发展历程 ······················· 83
 5.1　美国磁浮铁路的发展历程 ···················· 83
 5.2　德国磁浮铁路的发展历程 ···················· 89
 5.3　日本磁浮铁路的发展历程 ···················· 95
 5.4　中国磁浮铁路的发展历程 ··················· 101
 5.5　其他国家磁浮铁路的发展历程 ············· 106
 5.6　小　　结 ·· 109

第 6 章　磁浮高铁的现状愿景 ······················ 110
 6.1　德国磁浮高铁系统 ····························· 111
 6.2　日本磁浮高铁系统 ····························· 118
 6.3　中国磁浮高铁系统 ····························· 127
 6.4　磁浮高铁发展愿景 ····························· 133
 6.5　小　　结 ·· 137

参考文献 ··· 138

第1章 绪 论

"既然选择了远方,便只顾风雨兼程;既然目标是地平线,留给世界的只能是背影。"这首诗正好描述了高铁远去的倩影。目前,高铁作为大众交通工具,已经有了三代:第一代轮轨高铁;第二代磁浮高铁;第三代超级高铁。而且高铁一代比一代先进,一代比一代快捷,高铁环境下的世界各地也离我们越来越近了。到 2020 年年底,全球高铁运营总里程将达到 5 万千米以上,中国高铁运营里程达到 3.5 万千米以上,占世界高铁运营总里程的 70% 以上,世界进入了"高铁时代"。中国,正站在世界铁路的前沿,与世界各国共同应对全球性挑战,谋划未来,领跑时代。如图 1.1。

图 1.1 高铁系统

1.1 高铁系统的属性特征

"交通惠民,筑梦前行"。由于高铁的技术优势,以及高铁所具有的可观经济利益、不可估量的政治影响,高速铁路已经成为世界各国发展中的一个热点问题,世界上许多国家纷纷投入高速铁路的建设进程中。特别是轮轨高铁技术已经较为成熟,世界上许多国家和地区都开通了轮轨高铁,同时也有多个国家和地区正在建设和规划其自身的轮轨高铁,如中国、日本、法国、德国、西班牙、意大利、土耳其、韩国等。而磁浮高铁技术也已经成熟,日本、德国和中国等国家正在规划、建设和运营磁浮高铁系统。

1.1.1 高铁的类型

"长江后浪推前浪,一浪要比一浪高"。自从高铁问世以来,已经有了三代高铁:轮轨高铁、磁浮高铁、超级高铁。由于不同类型的高铁运行原理不同,每代高铁就有着不同特征。

第一代:轮轨高铁(Wheel high-speed railway) "破浪乘风立,风华正当时"。1964 年 10 月 1 日,世界上第一条高速铁路在日本正式运营,运营速度 200 km/h 以上,从此高铁开启了交通发展的新时代。如图 1.2。

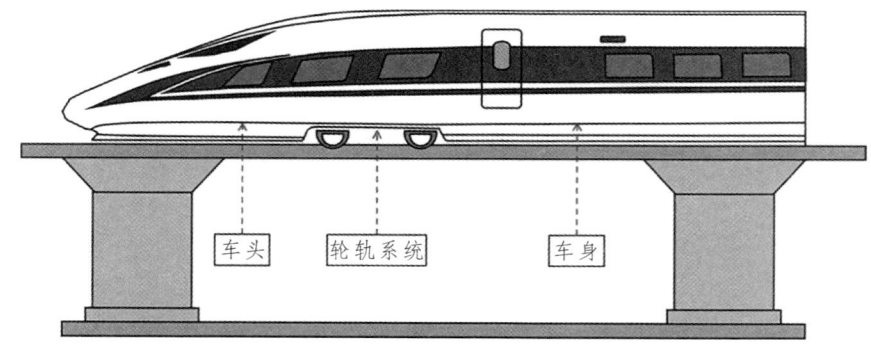

图 1.2 轮轨高铁系统

第二代:磁浮高铁(Maglev high-speed railway) "绝境良时再相遇,明年此日应磁浮"。2003 年 12 月 2 日,世界上第一条磁浮铁路在日本正式实验运营,速度 603 km/h。2015 年 4 月 21 日,日本磁浮高铁实验速度达到了 603 km/h,从此磁浮高铁改写了地面交通的新历史。如图 1.3。

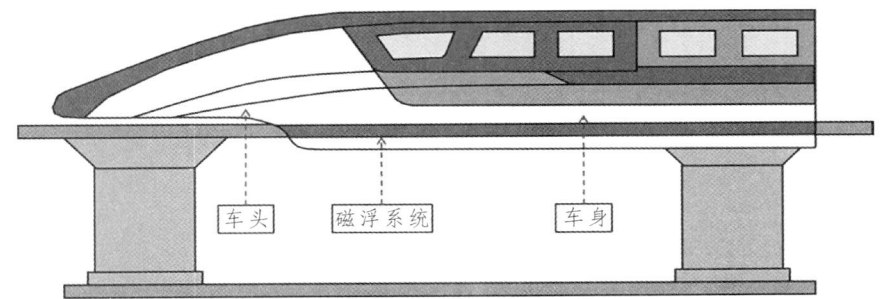

图 1.3　磁浮高铁系统

第三代:超级高铁(Superspeed railway)　"海上生明月,天涯变近邻"。2013 年 8 月 12 日,美国人马斯克(Elon Musk)第一次完整地提出了超级高铁白皮书,其中超级列车以超音速(340 m/s)运行,运营速度 1 200 km/h 以上。2015 年 5 月 12 日,在美国内华达沙漠里面,进行了首次测试,超级高铁速度到达 1 230 km/h。从此高速铁路又开启了交通发展的新篇章。如图 1.4。

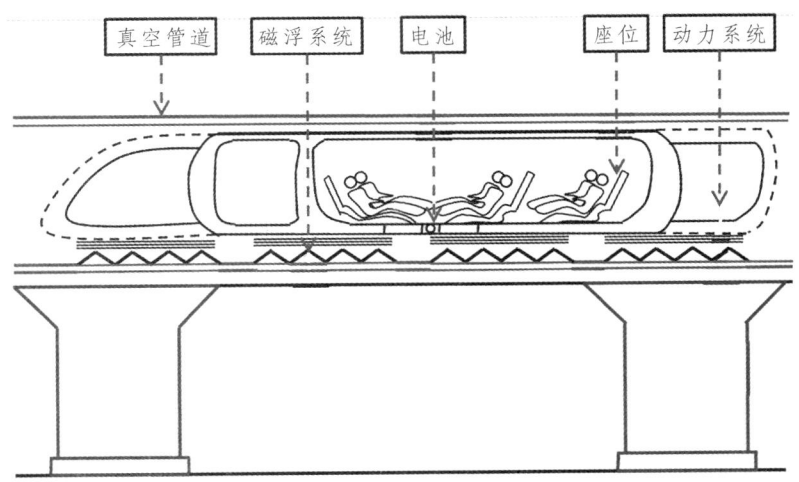

图 1.4　超级高铁系统

1.1.2 高铁的速度

由于轮轨高铁系统在速度、运量、安全、节能、环保等方面都有了长足的发展，所以，目前全世界有 20 多个国家和地区正在规划、建设和运营高速铁路。截至 2020 年，世界部分国家的高速铁路运营里程比较，如图 1.5 所示。

图 1.5　2020 年世界部分国家高速铁路运营里程

在高铁系统中，高速度运营是衡量高铁最为重要的指标。在目前的轮轨高铁中，高速列车的最高运营速度一般为 250～380 km/h。其中，法国轮轨高铁最近创造了以平均速度 317 km/h 运行 1 000 km 的纪录，而我国的轮轨高铁则创造了以平均速度 350 km/h 运行 10 000 km 以上的高速运行纪录。目前，各国轮轨高铁运营速度，见图 1.6。

"没有最快，只有更快"。虽然目前高速轮轨列车已经达到了十分可观的运行速度，但人们对于更加快速的交通出行的追求却从未停止，世界各国都在努力研究轮轨高铁的提速问题。高铁速度有三类：试验速度、设计速度、运营速度。其中运营速度是核心指标。四大高铁强国高铁运营速度，见图 1.7。

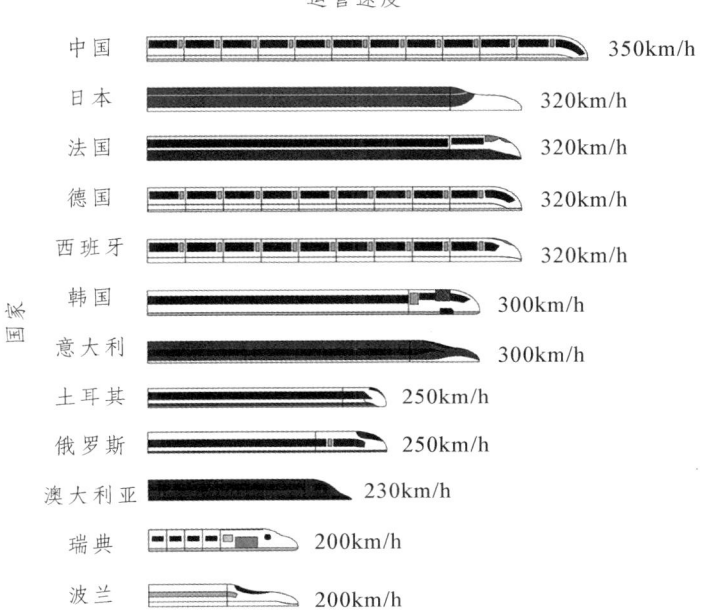

图 1.6　各国轮轨高铁运营速度

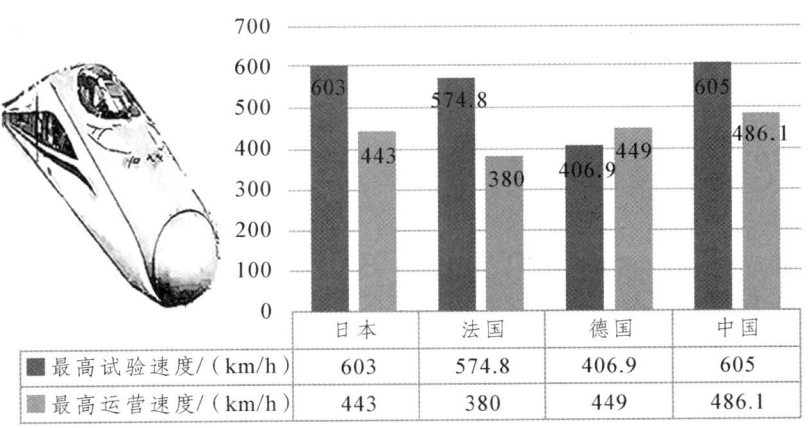

图 1.7　四大高铁强国的试验速度和运营速度

1.1.3 高铁的阻力

由于受到空气阻力和轨道摩擦力作用，轮轨高铁的运营速度往往不超过 400 km/h。在地面随着速度的进一步提高，高速列车发生脱轨事故的风险也急剧增加。在地面高铁运行过程中，高速列车所受到的空气阻力与车速的关系，如图 1.8 所示。

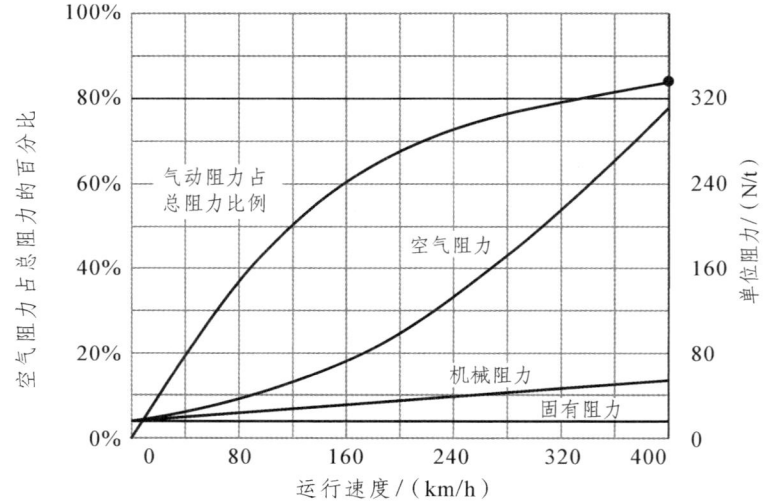

图 1.8 高速列车所受空气阻力与运行速度关系图

不同类型的高铁，受到的摩擦力和阻力也不一样。而且高速列车运行速度越快，它受到的阻力也就越大，并且阻力成指数关系上升。

1. 高铁的运行阻力

第一类高铁——轮轨高铁的运行阻力 在轮轨高铁系统中，高速列车在快速运行时，受到的总阻力是：空气阻力+摩擦阻力。轮轨高铁运行的总阻力，如图 1.9。

第二类高铁——磁浮高铁的运行阻力 在磁浮高铁系统中，高速列车在快速运行时，受到的总阻力只有空气阻力，没有摩擦阻力。磁浮高铁运行的总阻力，如图 1.10。

图 1.9 轮轨高铁所受阻力图

图 1.10 磁浮高铁所受阻力图

第三类高铁——超级高铁的运行阻力 在超级高铁系统中，高速列车在快速运行时，受到的总阻力为零，既没有空气阻力，也没有摩擦阻力，在真空环境下自由前进，如图 1.11。

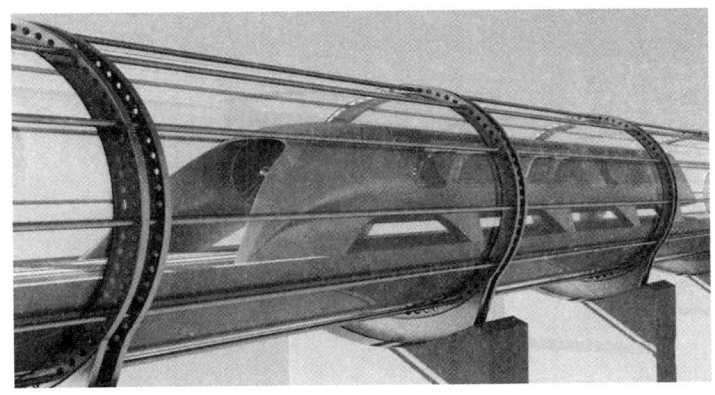

图 1.11 超级高铁所受阻力图

2. 高铁的阻力函数

高速列车的能耗与速度平方成正比，高速列车对环境噪声的影响与速度的六次方成正比。为了减少摩擦力，学者们开始研究在高速铁路中融入磁悬浮技术，即磁浮高铁技术。磁浮高铁不但能够消除列车与轨道之间的摩擦，而且使得列车的运行速度、安全性等有进一步的提升。在轮轨高铁系统中，轮轨列车运行过程中的轮轨摩擦，如图1.12。

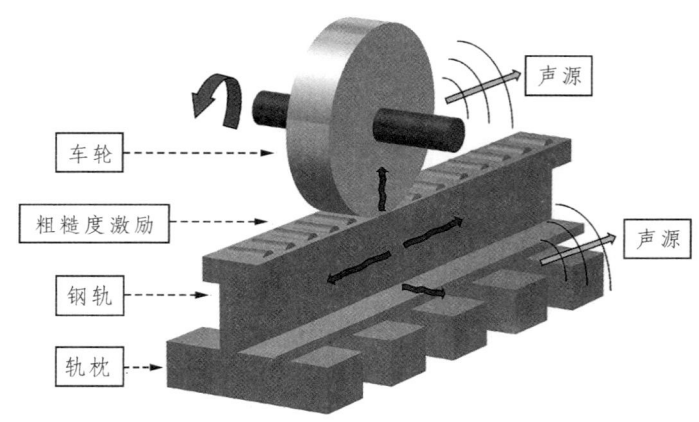

图 1.12 高速列车轮轨间的摩擦

第一类高铁——轮轨高铁的阻力函数 在轮轨高铁系统中，高速列车在快速运行中总阻力包括空气阻力和机械阻力，阻力的函数关系式为：

$$F(\text{Wheel Train}) = a + bv + cv^2 \tag{1.1}$$

式中 F——高速列车总阻力；

v——高速列车的运行速度；

a——除机械阻力和空气阻力之外的其他阻力；

b——轮子与轨道之间的摩擦系数；

c——空气阻力系数。

其中 bv——机械阻力，与速度成一次方关系；

cv^2——空气阻力，与速度成二次方关系。

第二类——磁浮高铁的阻力函数 在磁浮高铁系统中,高速列车在快速运行时总阻力只有空气阻力,阻力的函数关系式为:

$$F(\text{Maglev Train}) = a + cv^2 \quad (1.2)$$

第三类——超级高铁的阻力函数 在超级高铁系统中,高速列车在快速运行时总阻力既没有空气阻力也没有摩擦阻力,阻力的函数关系式为:

$$F(\text{Super Train}) = a \quad (1.3)$$

1.2 轮轨高铁的发展历程

轮轨高铁是指运营在轨道上,速度一般大于 200 km/h 而小于 400 km/h 的高速铁路。目前,轮轨高铁技术发展最成熟的四个国家是日本、法国、德国和中国,这四个国家也称高铁四大强国。虽然中国高速铁路起步最晚,但却是发展最迅速的国家,目前中国的轮轨高铁运营里程占世界运营总里程的 70% 以上。在轮轨高铁系统中,轮轨高铁驱动原理,如图 1.13。

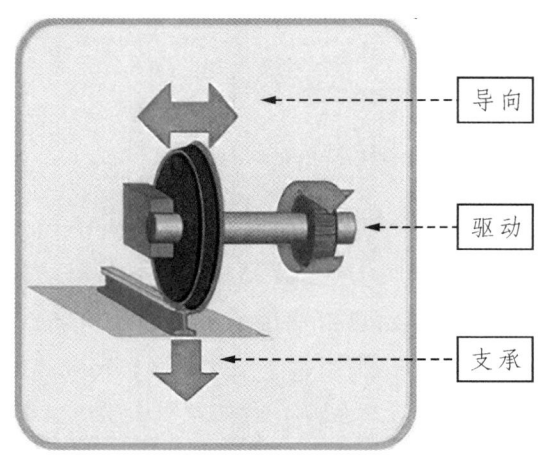

图 1.13 轮轨高铁驱动原理

1.2.1　日本轮轨高铁发展历程

日本轮轨高铁系统也叫日本新干线（日语：新干线/しんかんせん，罗马音 Shinkansen）高铁系统。日本建造了世界上第一条高速铁路线路，也因此开创了高速地面交通的概念。1964 年，日本第一条连接东京和大阪的新干线开始运营，其设计运营速度为 210 km/h。随后，日本一直在致力于新干线线路的改进和延伸，特别得益于车辆构造的改进。因此，轮轨高铁列车的运营速度也逐步提高至 240 km/h、270 km/h、300 km/h、350 km/h，并达到了 380 km/h。这些线路具有良好的可靠性、舒适度和安全系数，如图 1.14 所示。

图 1.14　日本轮轨高铁系统

1.2.2　法国轮轨高铁发展历程

法国轮轨高铁系统也叫法国 TGV（Train à Grande Vitesse，TGV）高铁系统。法国属于欧洲发展轮轨高铁较早的国家，其研发的 TGV 高速铁路技术已经是世界上使用最多的高速铁路技术之一。法国于 1981 年在巴黎—里昂之间开通了它的第一条高速铁路线路，运行速度达到 270 km/h。这条线路从一开始就吸引了大量的乘客。后来，法国又修建了从巴黎到法国东南部的大西洋线、从巴黎到北部里尔的轮轨高铁线路，以及英吉利海峡隧道。2001 年，法国开通了从里昂沿地中海一路延伸到马赛的轮轨高速铁路线路，其最高运营速度超过了 330 km/h，特别是实验速度 578.4 km/h。如图 1.15 所示。

图 1.15　法国轮轨高铁系统

1.2.3　德国轮轨高铁发展历程

德国轮轨高铁系统也叫德国 ICE（Inter City Express，ICE）高铁系统。1991 年，德国高铁也叫城际特快列车，德国开通了它的第一条高铁线路。德国轮轨高铁线路将汉诺威和乌尔兹堡两座城市连接起来，其最高运营速度达到了 250 km/h。在此之后，德国又相继修建并开通了其他许多轮轨高速铁路新线，其中就包括了如曼海姆—斯图加特、法兰克福—科隆、柏林—汉诺威、柏林—汉堡等一系列轮轨高速铁路线路，如图 1.16 所示。

图 1.16　德国轮轨高铁系统

1.2.4 中国轮轨高铁发展历程

中国轮轨高铁系统也叫中国CRH（China Railway High-speed，CRH）高铁系统。2008年，中国开通了国内的第一条高速铁路线路，即连接北京和天津的城际列车线路。目前，中国在完善"四纵四横"高速铁路网络建设的基础上，又进一步设计规划了"八纵八横"的高速铁路网络建设，以及"四大跨国"高铁干线。在不到短短20年的时间里，中国先后通过对国外先进高速铁路技术的引进和对既有线的改造，逐步发展成为世界上高速铁路发展最快、系统技术最全、集成能力最强、运营里程最长、运营速度最高以及在建规模最大的国家。中国高铁如图1.17所示。

图1.17 中国轮轨高铁系统

1.3 磁浮高铁的发展态势

磁悬浮技术的研究起源于德国，发展于美国，成熟于日本，惠及世界。1922年，德国工程师赫尔曼·肯佩尔（Hermann Kemper）提出了电磁浮原理，并开始研究其在轨道列车上的运用，如图1.18。1934年，赫尔曼获得了世界上第一项有关磁浮技术的专利。

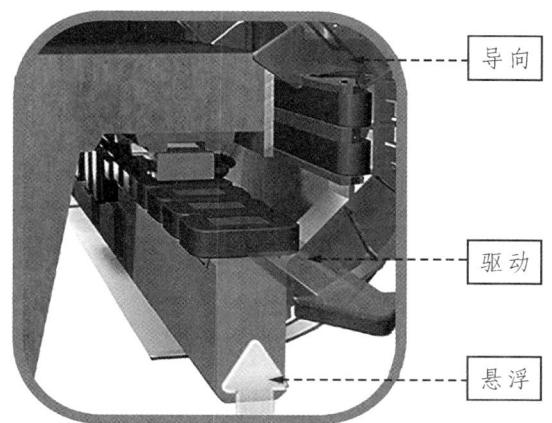

图 1.18 磁浮高铁驱动原理

20 世纪 70 年代起,世界各个工业化国家的经济实力不断加强。为了提高交通运输能力以适应经济发展的需要,德国、日本、美国、法国、英国等国家都相继开始筹划并进行磁悬浮运输系统的开发。目前,在世界各国中,有德国、日本、中国、韩国等国家仍在继续进行磁悬浮系统的研究,并均取得了很大的进展。世界上比较典型的两种磁浮高铁系统,如表 1.1。

表 1.1 磁悬浮高铁概况

类 型	悬浮技术	速度/(km/h)	国家	案 例
常导高速磁浮	常规电磁铁	400~600	德国	中国上海高速磁悬浮示范线
超导高速磁浮	超导体完全抗磁性	400~800	日本	日本山梨试验线

高速磁浮交通的特点在于其运行速度。磁浮高铁速度介于高速轮轨高铁速度(200~400 km/h)与一般的民航客机速度(600~900 km/h)之间,这使得它既具有自身的目标服务客户群(期望出行速度为 400~800 km/h 之间),同时又可以吸引民航和高速轮轨的目标客户,并与之互补。高速磁浮高铁满足综合运输体系不断增长的快速、高效的交通需求,增加了高速客运方式的选择性和替代性,能够引导实现快速交通普及化,从而优化综合运输整体需求的结构。各种交通工具所提供的不同出行速度如图 1.19 所示。

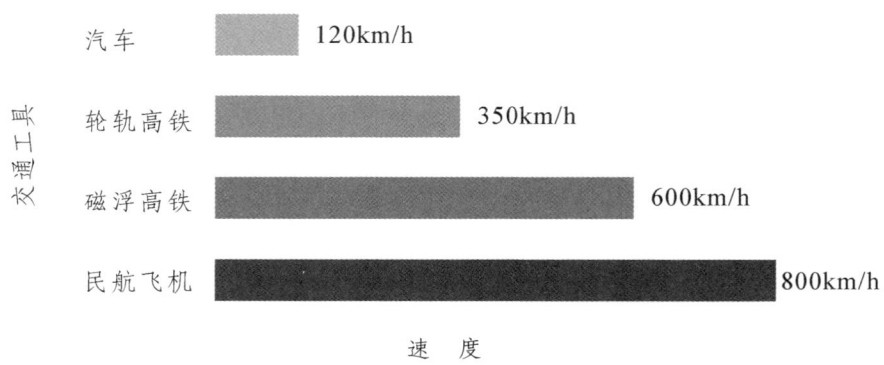

图 1.19 不同交通工具的速度比较

1.4 小　结

"只争朝夕，不负韶华"。高铁促进经济发展、社会进步，特别是高铁促进全球一体化。即轮轨高铁以直径 500 km 左右，实现 1 h 都市圈；磁浮高铁以直径 1 000 km 左右，实现 2 h 都市圈。我国幅员辽阔，陆地面积约 960 万平方千米，其中北京、上海、广州等核心大城市之间的距离在 1 000 km 左右，适合高铁系统发展，特别是磁浮高铁的运营。因此，研究并发展速度 600 km/h 的磁浮高铁有助于将我国的各个大都市群相互联系起来，同时也能够在通行时间上发挥出较大的效益优势。只有实现了交通的便利化，才有可能真正做到区域的一体化发展。研究并发展磁浮高铁系统有助于各国的经济社会发展，丰富地面交通运载方式，使得各种出行交通互补衔接。

第 2 章 磁浮高铁的概念术语

"没有最快,只有更快"。轮轨高铁运营速度可以跑 400 km/h,而磁悬浮高速列车运营速度可以跑 600 km/h 以上,磁浮高铁是一种利用磁悬浮技术运行的高速铁路系统。在磁浮高铁系统中,磁悬浮高速列车突破了在铁路交通系统中使用车轮和轨道的传统技术界限,没有机械阻力(轮子和轨道之间的阻力),只有空气阻力。磁浮高铁系统也是第一个没有车轮的、无接触的轨道交通系统。研制和发展这种新型的没有轮、轴及轨道接触的交通技术,目的是使轨道交通的速度更快、更环保、更经济、更舒适和更安全。在磁浮高铁系统中,磁悬浮高速列车的基本结构,如图 2.1。

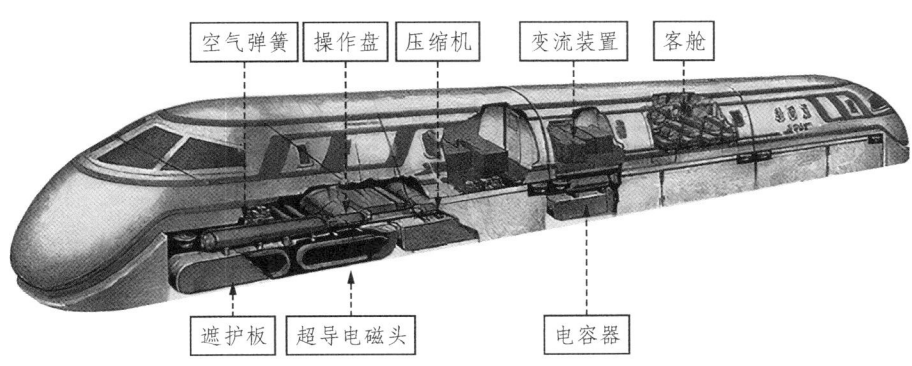

图 2.1 磁悬浮列车的架构

磁浮高铁简史

2.1 基本概念

磁浮高铁系统是一个复杂系统,包括车辆系统、轨道系统、控制系统等。磁浮高铁系统相对于轮轨高铁系统,虽然没有接触摩擦力,但磁浮高铁系统结构更为复杂。概括来说,磁浮高铁系统主要包括:磁浮高铁、磁浮轨道、磁浮车站、磁浮列车及系统等部件。

(1)**磁浮高铁**(Maglev High-speed Railway,MHR):磁浮高铁是利用磁浮技术运行的高速铁路系统,也叫磁悬浮高铁系统,简称磁浮高铁。磁浮高铁不同于一般的轮轨铁路,它是借助于无接触的磁浮技术使车体悬浮在轨道导轨面上运行的交通系统。在磁浮高铁系统中,由于磁浮高铁依靠轨道磁力浮于空中,行驶时没有列车与轨道的摩擦力,因此其最高运行速度可以达到 800 km/h。图 2.2 为日本磁浮高铁系统。

图 2.2 日本磁浮高铁系统

(2)**磁浮轨道**(Maglev Rail,MR):磁浮轨道是一种引导磁浮列车前进方向、承受列车荷载,并传至地基的磁浮装置。磁浮轨道上部为用于连接长定子的精密焊接钢结构,或钢筋混凝土结构的支撑梁,如图 2.3(a);磁浮轨道下部为钢筋混凝土支墩和基础结构,如图 2.3(b)。磁浮高铁的单轨道路线与双轨道路线大多都是由许多长为 62 m 的钢梁或混凝土梁组成的,如图 2.3。

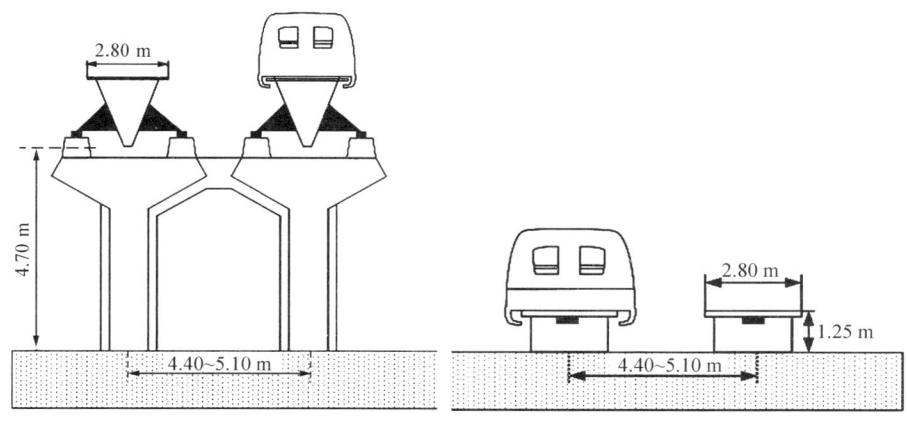

(a)磁浮轨道上部　　　　　　（b）磁浮轨道下部

图 2.3　磁浮路轨示意图

（3）**磁浮车站**（Maglev High-speed Railway Station，MHRS）：磁浮车站是高速磁浮交通系统提供客运服务的窗口，也是系统内部最主要的生产基地。磁浮车站是客运服务的起始点和终止点，为乘客提供上下车、换乘和候车。磁浮高铁车站是联系交通系统与旅客的纽带。磁浮车站的合理分布能保证磁悬浮铁路的运输能力，同时也能更好地为旅客服务。上海磁浮高铁龙阳路站，如图 2.4。

图 2.4　上海磁浮高铁龙阳路站

（4）**磁浮列车**（Maglev High-speed Railway Train，MHRT）：磁浮列车是通过电磁力实现列车与轨道之间无接触的悬浮和导向，同时利用直线电机所产生的电磁力来牵引列车运行。基于"同性相斥、异性相吸"的原理，磁悬浮列车在行驶过程中，通过利用电流产生磁性进而与轨道之间产生斥力，从而抵抗自身重力并悬浮在轨道上，能够不与轨道接触，相当于悬浮在空中，从而大大减少了运行时的阻力，因此能够产生极高的速度。磁浮高速列车就是在传统轮轨高铁的基础上运用了磁悬浮列车的技术，它消除了列车与轨道之间的轮轨摩擦，使其达到比传统轮轨高铁更高的运行速度。高速磁浮试验样车，如图2.5。

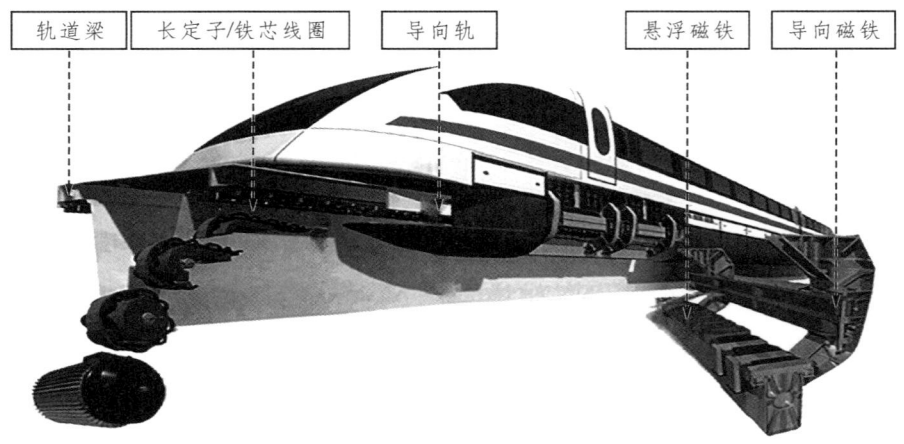

图 2.5　高速磁浮试验样车

（5）**磁浮列车系统**（Maglev Train System，MTS）：磁悬浮列车系统主要由悬浮系统、导向系统和推进系统等组成，如图2.6。尽管在磁浮列车驱动方面可以使用与磁力无关的推进系统，但在目前的绝大部分设计中，这三部分的功能均由磁力来完成。

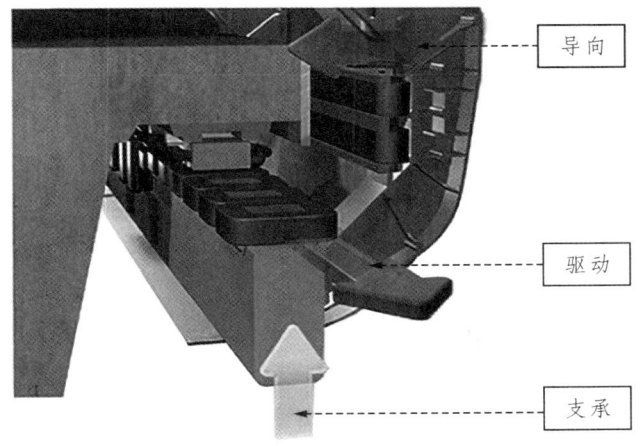

图 2.6 高速磁浮列车系统

在磁浮列车系统中,磁浮列车的悬浮系统和导向系统根据其作用力方式的不同,分别可以分为常导磁吸式、超导磁斥式悬浮系统,以及常导磁吸式、超导磁斥式导向系统。磁浮列车的推进系统则可以根据其定子长度的不同,分为短定子、长定子、分段长定子等直线推进系统。

2.1.1 磁悬浮列车的悬浮方式

在磁浮高铁系统中,目前常见的列车磁悬浮方式一般有两种:常导磁吸式悬浮和超导磁斥式悬浮。

(1)**常导磁吸式悬浮**(Constant Magnetic Levitation,CML):常导磁吸式悬浮是一种利用直流电磁铁与良导磁材料之间的电磁吸力,并且同时又借助自动闭环控制从而实现的磁悬浮类型。常导磁吸式悬浮的悬浮气隙较小,一般都在 8~10 mm。常导磁吸式悬浮也是一种在磁浮列车上较为常见的磁悬浮技术,如图 2.7 所示。

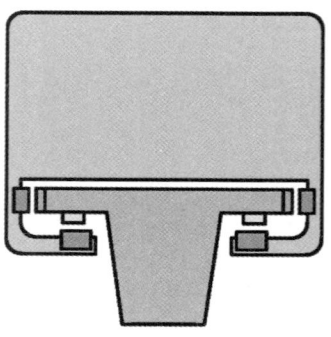

图 2.7　常导磁吸悬浮方式

（2）**超导磁斥式悬浮**（Superconducting Magnetic Repulsion Levitation，SMRL）：电动悬浮也称磁斥式悬浮，是由美国科学家 Powell 等人于 1966 年提出的一种磁悬浮方式。这种悬浮方式基于楞次定律（Lenz's law），利用磁体与导体的相对运动在导体内产生涡流并激发感应磁场，从而产生电磁力并实现悬浮。磁浮力来源于磁体与导体之间的相对运动，一般需要达到一定速度后才能实现悬浮，如图 2.8 所示。

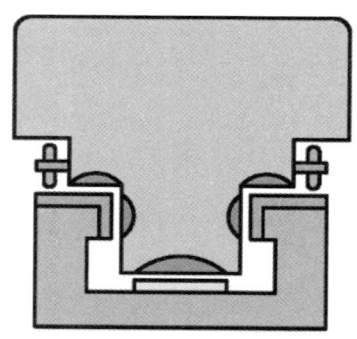

图 2.8　超导磁斥悬浮方式

2.1.2　磁悬浮列车的导向方式

磁悬浮列车利用电磁力的作用进行导向时，一般有常导磁吸式和超导磁斥式这两种较为常见的磁浮导向系统。

(1)**常导磁吸式**(Constant Magnetic Guide,CMG):常导磁吸式的导向系统与悬浮系统类似,是在车辆侧面安装一组专门用于导向的电磁铁,车体与导向轨侧面之间保持一定间隙。当车辆左右偏移时,车上的导向电磁铁与导向轨的侧面相互作用,使车辆恢复到正确位置。在磁浮高铁系统中,控制系统通过对导向磁铁中的电流控制保持侧向间隙,从而达到控制列车运行方向的目的,如图2.9所示。

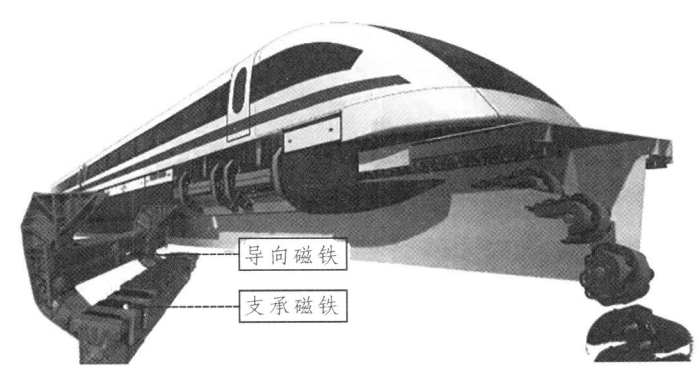

图2.9 常导磁吸式列车导向方式

(2)**超导磁斥式**(Superconducting Magnetic Repulsion Guide,SMRG):超导磁斥式的导向系统可以采用三种方式构成,即机械导向装置、专用导向装置、导向系铺装置,如图2.10所示。

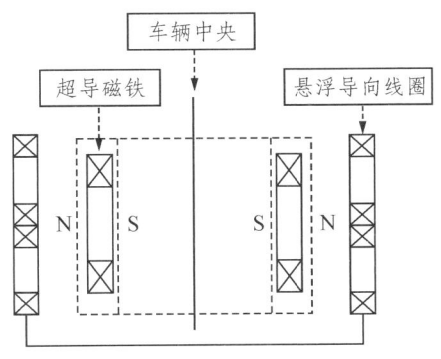

(a)超导磁斥式悬浮结构

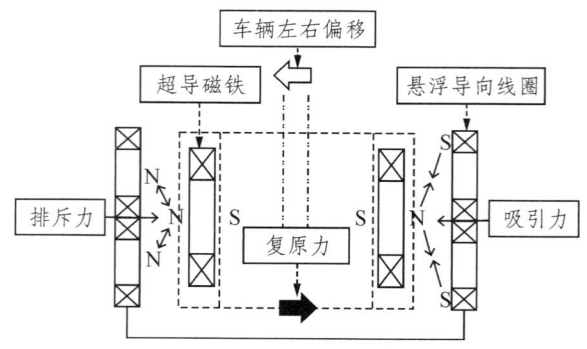

(b)超导磁斥式导向原理

图 2.10　超导磁斥式列车导向控制示意图

第一种方式：机械导向装置。在磁浮系统中，在车辆上安装机械导向装置（侧向导向辅助轮），使之与导向轨侧面相互作用产生复原力。

第二种方式：专用导向装置。在磁浮系统中，在车辆上安装专用导向超导磁铁，使之与导向轨侧向线圈作用产生磁斥力。

第三种方式：导向系铺设装置。在磁浮系统中，利用"零磁通量"导向系铺设"8"字形得到封闭线圈，利用其内部磁场为零产生反作用力。

2.1.3　磁悬浮列车的推进方式

在高铁系统中，传统轮轨式轨道交通车辆的运行动力一般是由旋转的电动机所驱动产生的。在磁浮高铁系统中，电机的电磁力矩通过轮轴、齿轮箱等结构原件传递到列车的车轮上，再经过车轮与轨道之间的"黏着"现象，最终转化为轮轨列车的运行牵引力。

（1）直线电机驱动（Linear Motor Drive，LMD）：不同于旋转电机，直线电动机驱动则是种不依赖轮轨黏着力的驱动系统。直线电机与旋转电机在原理上并没有本质的区别，它的结构相当于旋转电机的转子和定子在一轴向断面剖开，展开之后就变成了直线电机。但是直线电机克服了旋转电机轮轨接触驱动的弱点，具有爬坡能力强、曲线通过能力强、加速性能好、造价低、功耗小、运行噪声低等特点。直线电动机驱动，如图 2.11 所示。

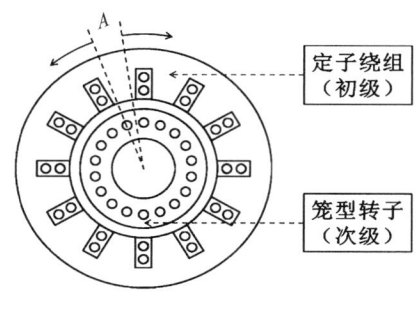

（a）沿径向剖开

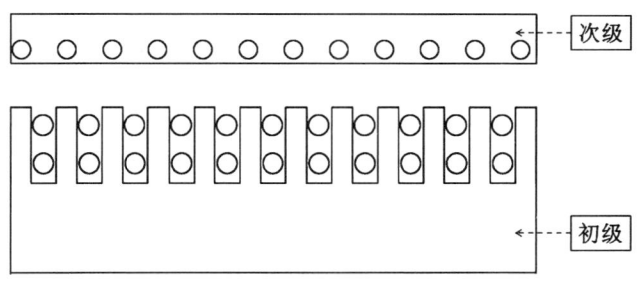

（b）把圆周展成直线

图 2.11 由旋转电机演变为直线电机

（2）**推进方式**（Propulsion Mode，PM）：磁悬浮列车的车身一般会安装永久磁体，或者超导磁体。而安装于磁浮轨道中的线圈则会通过不断地改变线圈内的电流方向，进而改变磁极方向。同时，轨道与车身的磁极方向相互对应，使磁极之间始终产生相互作用，从而产生推力，使磁浮列车不停地前进，如图 2.12 所示。

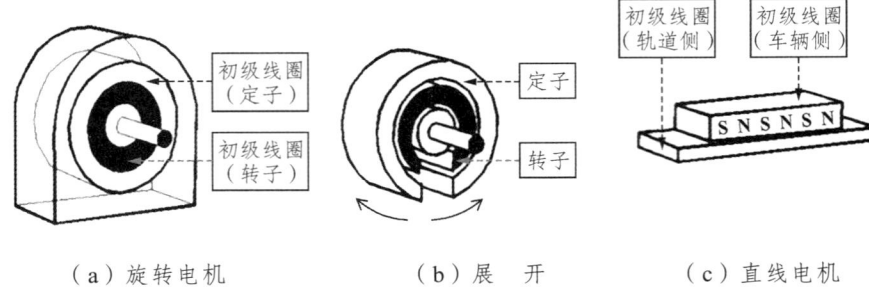

（a）旋转电机　　　　（b）展　开　　　　（c）直线电机

图 2.12　磁浮列车直线驱动电机敷设

在磁浮高铁系统中，轨道线圈与列车上的超导电磁体之间的相互作用，使列车开动起来。列车前进是因为列车头部的电磁体（N 极）被安装在靠前一点的轨道上的电磁体（S 极）所吸引，并且同时又被安装在轨道上稍后一点的电磁体（N 极）所排斥。同时在线圈里流动的电流流向会不断反转过来，这样列车由于电磁极性的转换而得以持续向前奔驰，如图 2.13 所示。

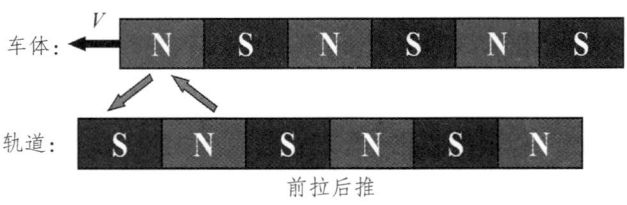

图 2.13　磁浮列车推进方式

2.1.4　磁悬浮列车的基本类型

磁悬浮列车是一种采用无接触的悬浮、导向和驱动系统的列车系统。磁悬浮列车从悬浮机理上可分为电磁悬浮（Electro Magnetic Suspension，EMS）和电动悬浮（Electro Dynamic Suspension，EDS）两种。电磁悬浮以德国的 Transrapid（简称 TR）08 型和日本的 HSST100L（High Speed Surface

Transport，HSST）型磁悬浮列车为代表，电动悬浮以日本的 MLX 型超导磁悬浮列车为代表。

（1）电磁悬浮（Electro Magnetic Suspension，EMS）：电磁悬浮也称磁吸（Attractive Levitation，简称 AL）悬浮，一般采用"T"型导轨，车辆环抱导轨运行。对车载电磁铁和导轨下的悬浮电磁铁通电励磁而产生磁场，磁铁与轨道上的铁磁构件相互吸引，将列车向上吸起悬浮于轨道上，磁铁和铁磁轨道之间的悬浮间隙一般为 8～12 mm。在磁浮高铁系统中，列车通过控制悬浮磁铁的励磁电流来保证稳定的悬浮间隙，通过直线电机来牵引列车运行。这种悬浮方式由于采用磁铁异性相吸的原理，磁场在直线电机的初级、次级线圈之间基本可以形成闭合回路，磁场向外扩散少，电磁污染程度低，对人的影响可以忽略不计。电磁悬浮型列车的基本结构，如图 2.14 所示。

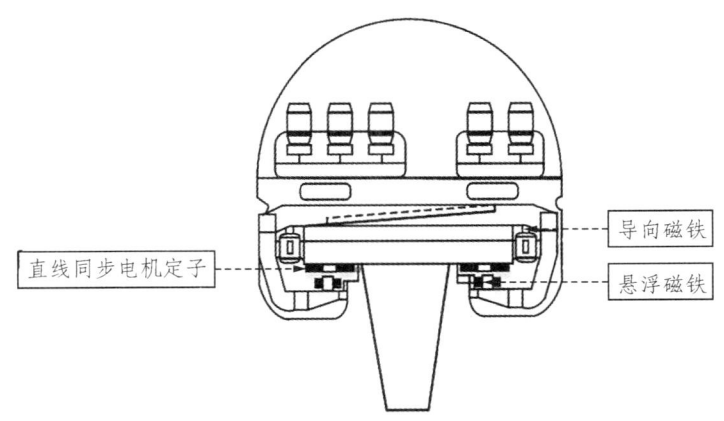

图 2.14 常导电磁悬浮构成

（2）电动悬浮（Electro Dynamic Suspension，EDS）：电动悬浮也称磁斥（Repulsive Levitation，简称 RL）悬浮。当列车运动时，车载磁体（一般为低温超导线圈或永久磁铁）的运动磁场使得线路上的悬浮线圈中产生感应电流，两者相互作用，产生一个向上的磁力将列车悬浮于路面一定高度，悬浮间隙一般为 100～150 mm，列车运行也是由直线电机提供牵引力。在磁浮高铁系统中，电动悬浮与电磁悬浮相比，电动悬浮系统在静止时不能悬浮，必须在列车达到一定速度（约 150 km/h）后才能起浮。电动式悬浮系统在应用速度下，悬浮间隙较大，不需要进行主动控制。当电动悬浮由于采用磁铁同性相斥的原理，初、次级线圈所产生的磁场在直线电机内部不能闭合，故其电磁污染比电磁悬浮型要大许多。电动悬浮型列车的基本结构，如图 2.15 所示。

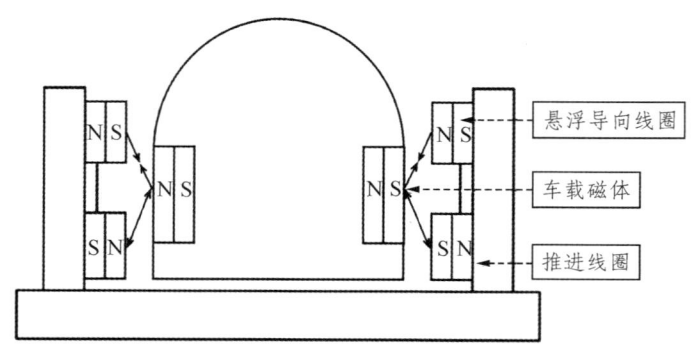

图 2.15 超导电动悬浮构成

2.2 常用术语

在磁浮高铁系统中，磁悬浮列车技术的相关常用术语包括：磁浮车辆、磁浮线路、磁浮供电、磁浮列车运行控制系统等。

（1）**磁浮技术**（Maglev Technology，MT）：电磁悬浮是对车载的悬浮电磁铁励磁而产生可控制的电磁场，电磁铁与轨道上长定子直线电机定子铁芯相互吸引，将列车向上吸起并通过控制悬浮励磁电流来保证稳定的悬浮间隙。在电磁悬浮系统中，列车与轨道间的间隙一般为 8～12 mm，如图 2.16。

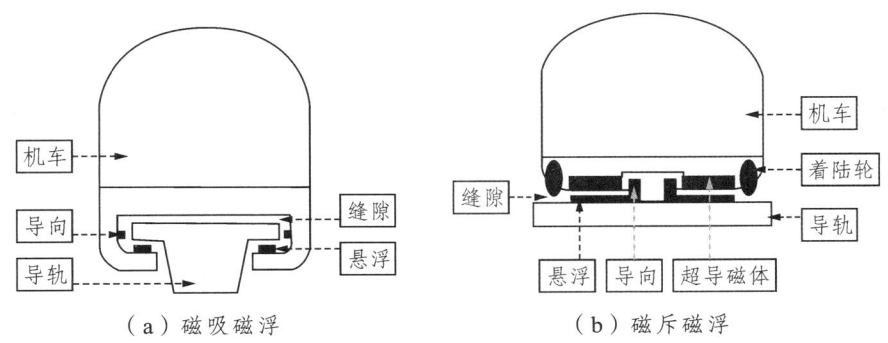

(a) 磁吸磁浮　　　　　　　(b) 磁斥磁浮

图 2.16　磁浮技术

(2) **磁浮车辆 (Maglev Train, MT)**: 在磁浮高铁系统中, 车辆是高速磁浮客运系统中的重要部分, 包括悬浮架和其上安装的电磁铁、二次悬挂系统和车厢等。此外还有车载蓄电池、应急制动系统和悬浮控制系统等电气设备。磁浮车辆的外观, 如图 2.17 所示。

图 2.17　磁浮车辆

(3) **磁浮线路 (Maglev Line, ML)**: 引导列车前进方向, 承受列车荷载并将之传至地基。在磁浮高铁系统中, 线路上部结构为用于联结长定子的精密焊接的钢结构或钢筋混凝土结构的支撑梁, 下部结构为钢筋混凝土支墩和基础, 如图 2.18 所示。

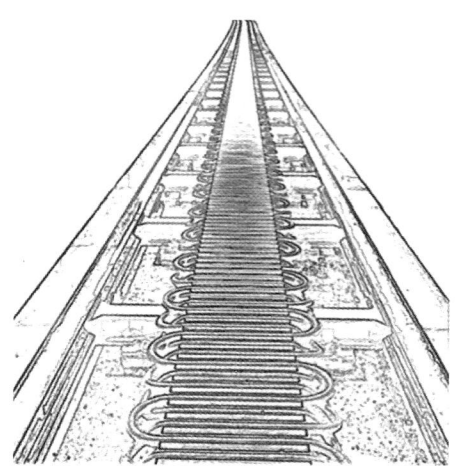

图 2.18 磁浮线路轨道

（4）**磁浮供电**（Maglev Power Supply System，MPSS）：供电系统包括变电站、供电电缆、开关站等设备。在磁浮高铁系统中，磁浮列车供电系统通过给地面长定子线圈供电提供列车运行所需的电能，如图 2.19 所示。磁浮系统的整流、变流及电机定子等设备均在地面，特别对设备体积、重量及抗振性能没有严格要求。

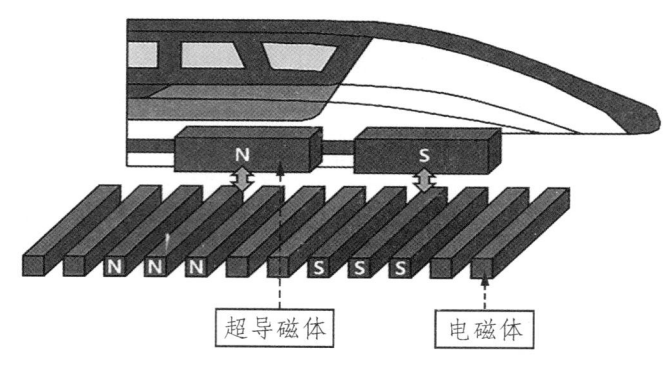

（a）侧　视

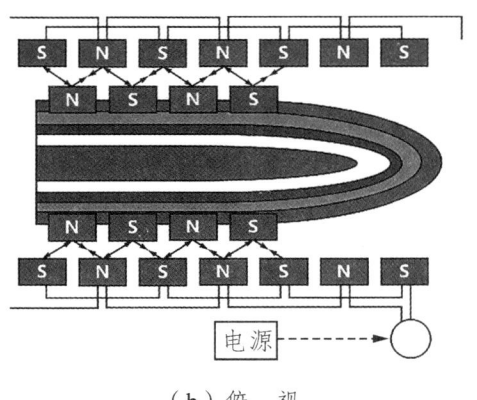

（b）俯　视

图 2.19　磁浮供电技术

（5）**感应发电装置**（Induction Generator，IG）：处于超导状态的超导磁铁一旦通电后电流将半永久性地流动不绝，行驶时没有必要像普通电力机车那样从外部供电。但列车运行时，车内的照明、空调等电气设备也需要大量电力。对于超高速磁悬浮铁路，这种电力不可能像城市轨道交通那样靠供电轨或架空线提供，只能采用无接触供电的方式。在磁浮高铁系统中，磁浮铁路使用导轨磁铁在车辆绕组产生感应电流，用这种感应电流可以为车内电气设备供电。这种供电方式称为非接触车内供电形式，也称为感应发电装置，如图 2.20 所示。

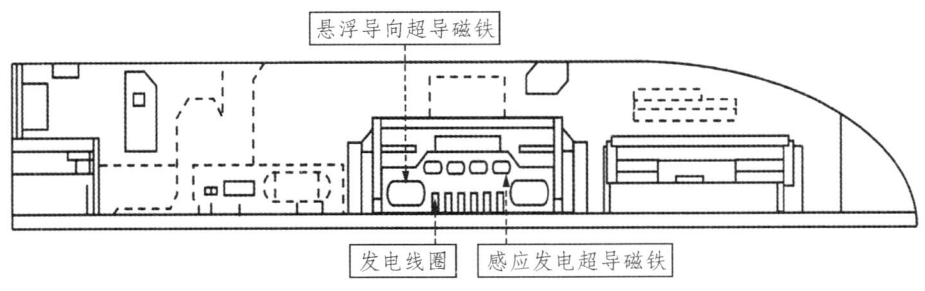

图 2.20　磁浮感应发电装置

（6）**磁浮列车运行控制系统**（Maglev Train Operation Control System，MTOCS）：运行控制系统是整个系统正常运转的根本保障。在磁浮高铁系统中，包括用于安全保护、控制、执行和计划的设备，以及用于设备间相互通信的设备。在磁浮高铁系统中，磁浮列车运行控制系统由运行控制中心、悬浮与导向系统、通信系统、磁浮运行控制系统和车载控制系统等组成，如图 2.21 所示。

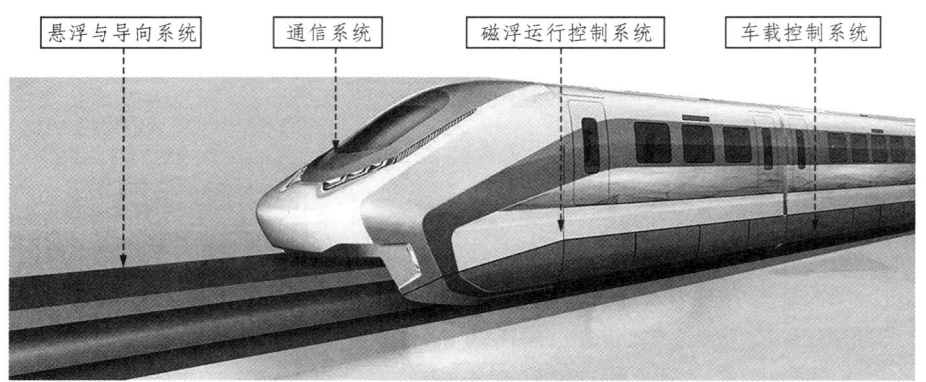

图 2.21　磁浮列车运行控制系统

（7）超导线圈（Superconducting Coil，SC）：磁浮列车的关键设备之一，它使列车获得上浮、推进、导向力等。日本使用的超导物质是将超细铌钛合金多芯线埋入铜母线内制成的超导电线，当此种超导电线浸入液氦（-269 ℃）中时进入超导状态产生强大磁场。这是世界上首次在实用运输设备上用超导技术实现可获得 550 km/h 稳定速度的大功率强磁线圈，其电压为 22 kV，如图 2.22 所示。

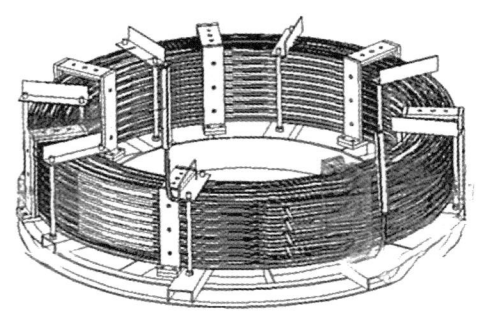

图 2.22　超导线圈

（8）车载低温冷冻系统（On-board Cryogenic Refrigeration System，OCRS）：在超导电动磁浮型列车中，每一个车载强磁单元上分别装有一台液氦及一台液氮压缩制冷机。液氦压缩机的作用是，将由于外部热能及列车本身行驶时产生的热能逐渐气化了的氦气重新冷冻还原成液氦。液氮压缩制冷机的作用是将冷却超导线圈外部隔热板的液氮制冷剂重新冷却，保持 –196 ℃ 低温液氮状态，如图 2.23 所示。

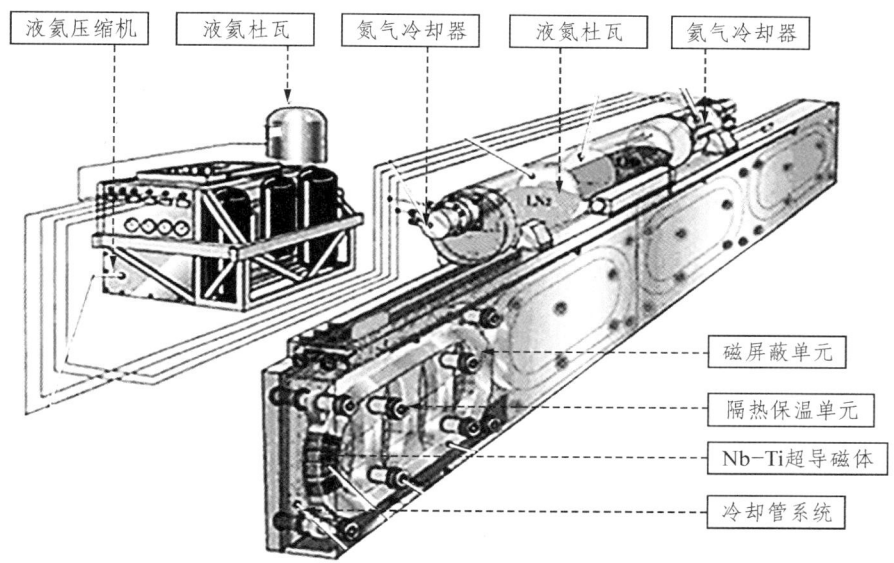

图 2.23　低温车载磁体内部结构

2.3　磁浮原理

在磁浮高铁系统中，磁浮列车高速运行优势得益于其独特的悬浮运行方式。不同于传统轮轨列车，磁悬浮列车要保持行驶过程中的稳定悬浮离不开其内部的特殊功能器件。

（1）悬浮架（Suspension Frame，SF）：磁浮列车普遍采用模块化设计，磁浮列车的每节车厢通过空气弹簧由第一位、第二位、第三位等三个模块支撑，每个模块的结构基本相同，不同之处仅在是否需要安装受流器与测速定位装置。在磁浮高铁系统中，磁浮列车每个模块都集成有悬浮电磁铁、直线牵引电机、制动装置和悬挂装置等四大部件，可为列车提供所需悬浮力、导向力、驱动力和制动力。磁浮列车单节车厢的悬浮架结构，如图 2.24 所示。

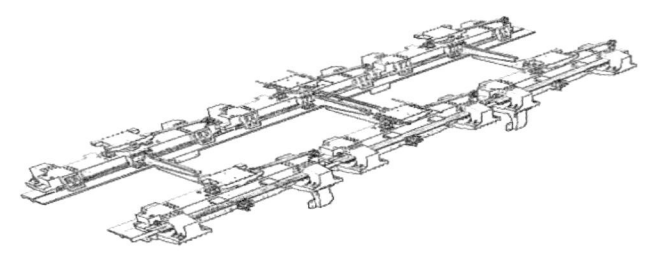

图 2.24　单节车悬浮架布置

（2）**悬浮控制器**（Suspension Controller，SC）：悬浮控制器将间隙传感器检测到的信号进行分析处理，计算出使列车达到额定悬浮间隙所需的控制电压，并将其转化为电流信号传至悬浮电磁铁中，通过调节悬浮电磁铁的电流大小调节电磁铁与 F 轨之间的吸引力，将列车稳定悬浮于轨道。在磁浮高铁系统中，电磁悬浮方式的一般间隙为 8～10 mm，如图 2.25 所示。

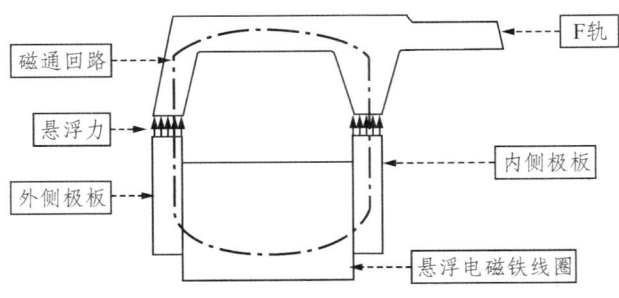

图 2.25　电磁吸力悬浮示意

（3）**悬浮电磁铁导向**（Levitation Electromagnet Guide，LEG）：悬浮导向原理是利用悬浮电磁铁与 F 轨之间的悬浮力的分力辅助导向。当悬浮电磁铁偏离轨道中心线时，悬浮电磁铁两侧的极板会与F轨的对应磁极之间产生相对错动，磁通回路发生偏移，从而影响电磁悬浮力发生偏移，产生一个水平方向的分力作为导向力，出曲线时将电磁铁复位，直到两侧悬浮电磁铁极板与F轨对齐，磁通回路没有偏移，电磁悬浮力分力消失，车辆回归到轨道中心线处。磁浮列车通过悬浮电磁铁导向的作用原理，如图2.26所示。

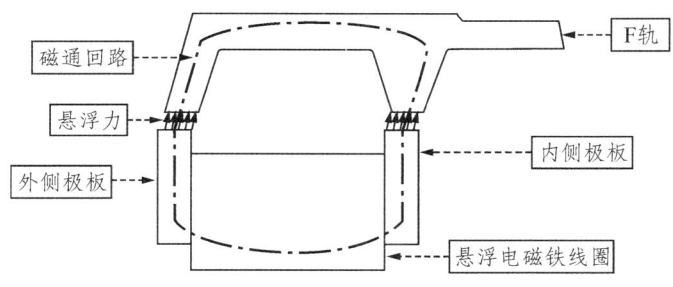

图 2.26　悬浮电磁铁导向原理

（4）**直线感应牵引电机**（Linear Induction Traction Motor，LITM）：直线感应牵引电机是磁浮列车上常用的动力牵引装置，一般为常导短定子三相直线感应电机，直线电机的定子装于列车上。为了减轻直线电机的整体重量以提升整车的运行效率，直流电通过受流器经高速断路器传入牵引逆变器，牵引逆变器将其逆变成可调节频率和电压的对称三相交流电，提供给悬浮架上的直线电机牵引列车运行。直线感应电机的结构，如图2.27所示。

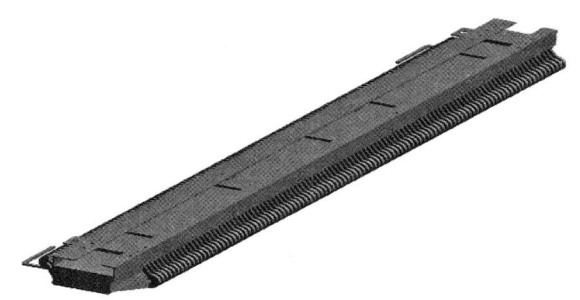

图 2.27　直线感应电机

（5）制动系统（Brake System，BS）：在磁浮高铁系统中，磁浮列车的制动系统既有机械制动也有电制动，两套制动系统根据实际情况配合使用。当运行速度较高，一般大于 10 km/h 时，制动系统中的电制动系统发挥作用，调节供给直线电机的电流大小来实施电制动，电制动产生的电能由地面吸收装置吸收或反馈回电网，或由电阻转化为热能消耗掉，制动过程无摩擦损耗。在磁浮高铁系统中，当列车运行速度较低，一般小于 10 km/h，或遇到紧急情况时，制动系统中的机械制动系统发挥作用，如图 2.28 所示。

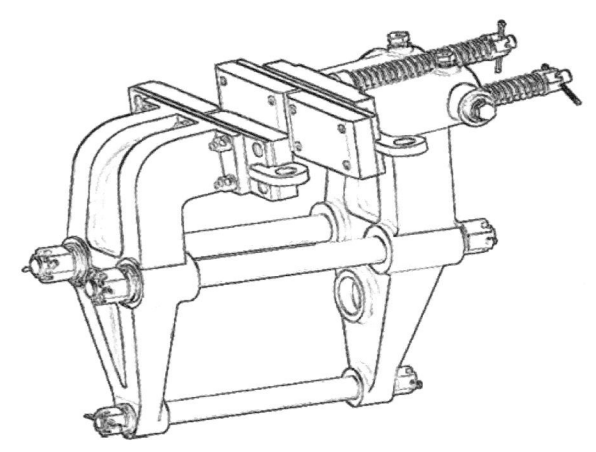

图 2.28　机械制动液压夹钳

（6）空气弹簧中置型悬浮架（Air Spring Center Mounted Suspension Frame，ASCMSF）：空气弹簧中置型悬浮架为车体提供支撑力，并衰减来自悬浮模块的振动作用，并在曲线通过或轨道有横向不平顺时，起到车体对中复位的作用。由于空气弹簧的刚度不足以满足牵引或制动力传递的需要，在滑台与悬浮架间还需纵向牵引杆，通过牵引杆将牵引力或制动力由悬浮架传递到车体，如图 2.29 所示。

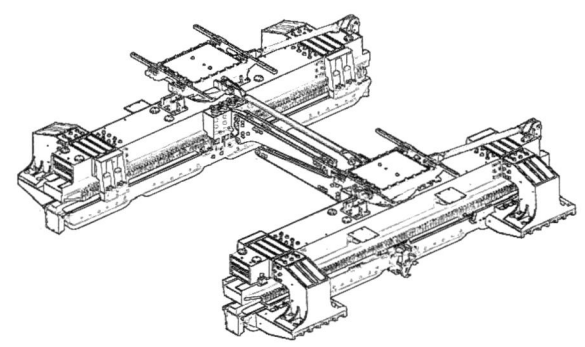

图 2.29　空气弹簧中置型悬浮架

（7）抗侧滚梁（Lateral Rolling Beam，LRB）：主要起抑制左右纵梁及悬浮电磁铁发生过量侧滚的作用。日本 HSST 型中低速磁浮列车每个悬浮架在纵梁托臂装配的两端各装有一套抗侧滚梁，呈"口"字形结构；新型中低速磁浮列车每个悬浮架仅在纵梁中部处装有一套抗侧滚梁，整体呈"工"字形结构，如图 2.30 所示。

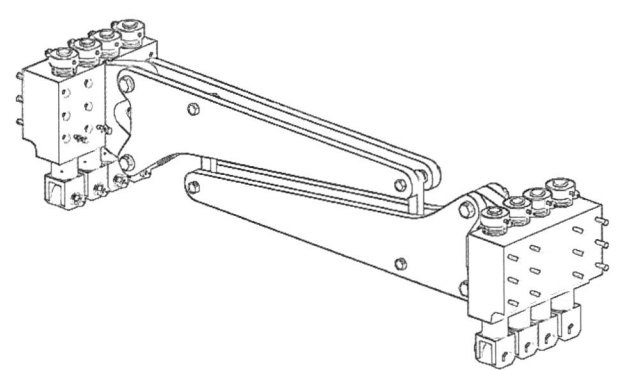

图 2.30　抗侧滚梁

在磁浮高铁系统中，列车磁悬浮技术是一种利用电磁作用力克服自身重力，使轨道列车在行驶过程中保持悬浮状态的技术。列车磁悬浮技术的系统主要由转子、传感器、控制器、执行器等部分组成，其中执行器主要包括电磁铁和功率放大器两部分。

2.4 小　　结

在磁浮高铁系统中，磁悬浮列车技术区别于传统的交通工具，磁悬浮列车以磁悬浮技术为理论基础，使得包括导向、悬浮和驱动等在内的三大系统都没有直接接触就可以实现列车的高速行驶。特别是在磁浮高铁系统中，磁悬浮列车技术就是利用电磁作用力使得列车悬浮于轨道之上，从而使得原本相互作用的列车和轨道之间不再有摩擦力的作用。

磁浮高铁系统也是人类将来长途出行的主要工具。由于磁浮高铁系统具有无空气污染、动力大、低能耗、爬坡力强等优势，高速磁悬浮列车已经在城市轨道交通和城际高速交通中成为极具竞争力的交通运输工具。因此，磁浮高铁是人类交通事业发展的一个重要研究方向，不但可以促进实现全球一体化，而且也可能实现磁浮高铁下的地球村。

第 3 章 磁浮高铁的基本原理

磁浮高铁的发展和实现离不开磁浮技术的理论支撑，而不同类型的磁浮列车背后也对应存在着不同的磁浮原理。磁悬浮的基本原理很简单，就是利用"同性相斥、异性相吸"的电磁浮原理，以磁铁对抗地心引力，让车辆悬浮起来，然后利用电磁力引导，推动列车前行，如图 3.1。

图 3.1 磁浮高铁基本原理

在磁浮高铁系统中，从技术上看，磁悬浮主要包括三大技术：无接触支承、导向技术和驱动技术等。由于技术与工艺条件的限制，直到 20 世纪

60 年代，各发达国家才开始大规模开展有关磁浮交通的研究，投入精力较多并且取得较为突出成就的是德国和日本。

3.1 磁浮高铁的相关原理

磁体之间存在着"同性相斥"和"异性相吸"两种不同的相互作用形式，因此磁浮高铁也有与之对应的"常导磁吸式"与"超导磁斥式"之分，如图 3.2。其中超导体、迈斯纳效应、常导磁吸悬浮、超导电动悬浮、超导钉扎悬浮等原理都是实现列车高速悬浮运行的重要原理。

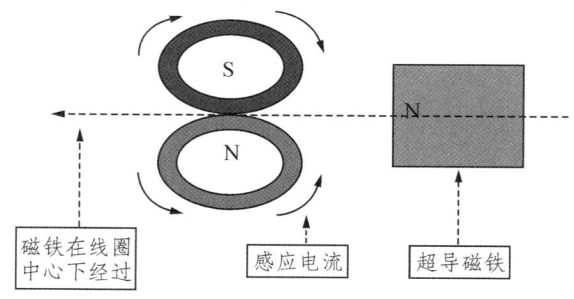

图 3.2　磁浮原理分析

3.1.1　超导体

超导体（Superconductor）又叫导材料。科学家发现许多金属和合金具有在低温下完全失去电阻和完全抗磁的特性，具有这种性质的导体称为超导体，又称超导材料，如图 3.3 所示。1911 年，荷兰莱顿大学科学家卡末林-昂内斯等人意外发现，将金属汞冷却到零下 268.98 ℃ 时其电阻会突然消失，卡末林-昂内斯将其称为超导态。后来研究发现是超导材料所具有的完全抗磁特性，即超导体能够在其自身与磁体之间产生一种排斥力，从而使得磁体可以悬浮在超导体上方。研究人员从中得到启发，并将这种超导磁悬浮效应运用在高速磁浮列车技术上。

图 3.3　超导态

3.1.2　迈斯纳效应

迈斯纳效应（Meissner Effect）是德国物理学家迈斯纳的发明成果。超导体具有完全抗磁特性，又被称为"迈斯纳效应"。1933 年，德国物理学家迈斯纳和奥森菲尔德在对锡单晶球超导体做磁场分布测量时发现，在小磁场环境中把锡单晶球超导体冷却进入超导态时，金属体内的磁力线会被一下排出，即磁力线不能穿过超导体的内部。超导体完全抗磁状态下的磁场分布，如图 3.4 所示。

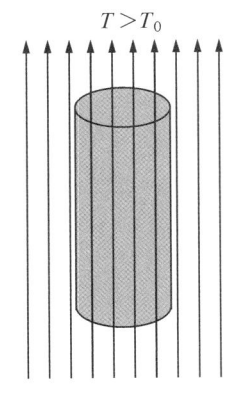
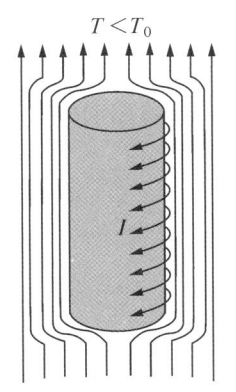

（a）磁力线穿过内部　　　　　（b）磁力线全被排出

图 3.4　完全抗磁特性

迈斯纳效应是超导体从一般状态相变至超导态过程中对磁场的排斥现象，当环境磁场强度低于临界值时，磁力线便无法穿过处于超导状态的超导体。这是因为超导体处于超导状态时，其表面能够产生一个抗磁超导电流，这一电流所产生的磁场抵消了超导体内部的磁场，最终形成了超导体内部磁场为零的现象，如图 3.5 所示。

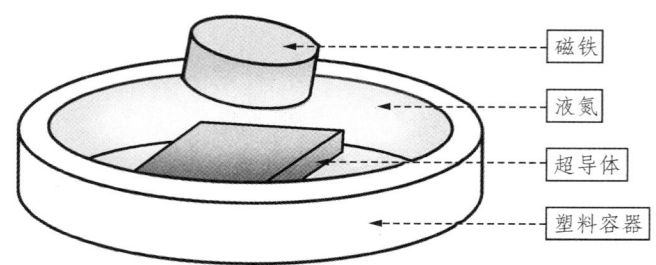

图 3.5　迈斯纳效应

由于超导体的电导率可被视为无限，所以当超导体处于超导状态时，其表面形成的抗磁超导电流并不会随时间而衰减。正因如此，这些表面电流所形成的磁场也不会随时间而改变。受作用于环境磁场和超导体周围激发磁场的相互作用，超导体会处于一种悬浮的状态，这也是目前磁悬浮列车的基本原理。

3.1.3　常导磁吸悬浮

常导磁吸悬浮（Constant Magnetic Levitation，CML）是一种采用直流电磁铁与良导磁材料之间的电磁吸力，并同时借助自动闭环控制而实现的磁悬浮类型。常导磁吸悬浮的悬浮气隙较小，一般都在 8～10 mm，是一种在磁浮列车上较为常见的磁悬浮技术。

1. 基本定义

常导磁吸悬浮是一种电磁悬浮系统，主要由电磁铁与导磁材料组成，利用导磁材料与电磁铁间的吸引力实现悬浮。常导磁吸悬浮结构原理，如图 3.6 所示。

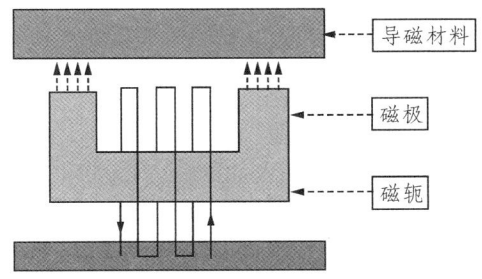

图3.6 常导磁吸悬浮结构原理图

2. 基本原理

当电磁铁不通电时，二者之间没有电磁吸引力的作用；而当电磁铁一旦通电之后，在电磁铁与导磁材料之间就会产生竖直向上的电磁吸引效果。在导磁材料固定而电磁铁可移动的情况下，如果电磁铁所受到的向上吸引作用力足以抵抗其自身的重力，那么便可以实现电磁铁的悬浮效果。

当电磁铁因其受到的磁吸力不足以抵抗重力而开始下落时，随着其与导磁材料间距的增大，电磁铁所受到的磁吸力会进一步减小［如图3.7（a）所示］，最终导致其完全落下［如图3.7（b）所示］；而当电磁铁因其受到的磁吸力大于重力而开始上升时，随着二者间距的减小［如图3.7（c）所示］，磁吸力会进一步增大，最终导致其被完全吸附在导磁材料的下方，如图3.7（d）所示。

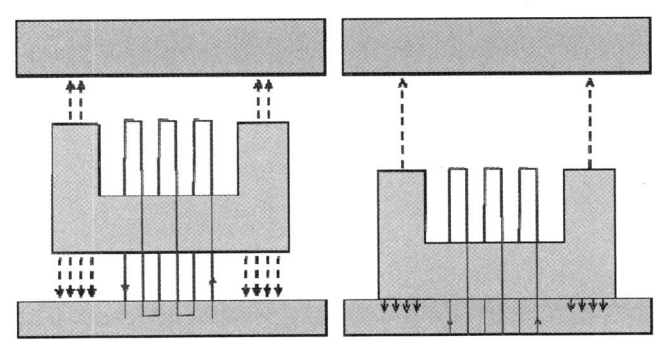

（a）吸力小，下落　　（b）吸力更小，完全落下

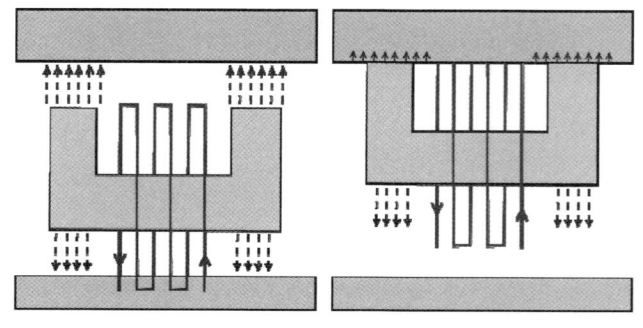

（c）吸力大，上升　　（d）吸力更大，完全吸起

图 3.7　常导磁吸悬浮状态

在磁浮高铁系统中，为了实现稳定常导磁吸悬浮，需借助精确快速的自动闭环控制系统不断调节悬浮电磁铁的励磁电流大小，以保证二者之间的悬浮间隙稳定，如图 3.8 所示。

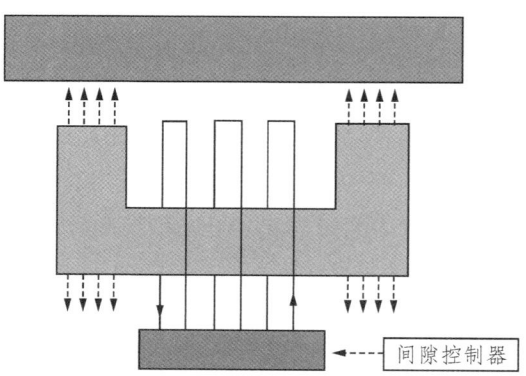

图 3.8　常导磁吸悬浮的稳定闭环控制

3.1.4　超导电动悬浮

超导电动悬浮（Superconducting Electro Dynamic Suspension，SEDS）也被称为超导磁斥式悬浮，其概念最早由美国科学家 Powell 等人于 1966 年提出。这种悬浮方式基于楞次定律，利用磁体与导体之间

的相对运动在导体内部产生涡流并激发感应磁场,通过感应磁场与磁体磁场的感应耦合作用产生用于抵抗自身重力的电磁力,从而实现悬浮的效果。

1. 基本定义

磁浮力的产生来源于磁体与导体之间的相对运动,即磁浮力的大小随着相对运动速度增大而增加,一般需要达到一定速度后才能实现悬浮,如图 3.9 所示。

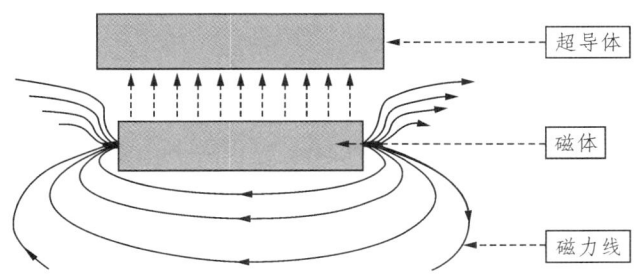

图 3.9 超导磁斥式悬浮

2. 基本原理

基于完全抗磁性,若有磁场要通过超导体内部,必然会在其表面形成抗磁超导电流,并激发出与外界相反的磁场。这两个相反的磁场相互作用,就形成了一个超导排斥力。由此可见,当在一个磁体正上方放置一个超导体,并使磁感线垂直通过超导体的时候,超导体将会获得垂直的上浮力。当这个力的大小刚好等于超导体的重力时,就能实现悬浮。

不同于磁吸式中被悬浮电磁体处于固定导磁体下方的设计,电动悬浮模式中被悬浮超导体位于永磁体上方。因此,在排斥力随间距减小而增大的特性下,超导体可保持稳定悬浮状态,无须额外调整悬浮间隙的控制系统,如图 3.10 所示。

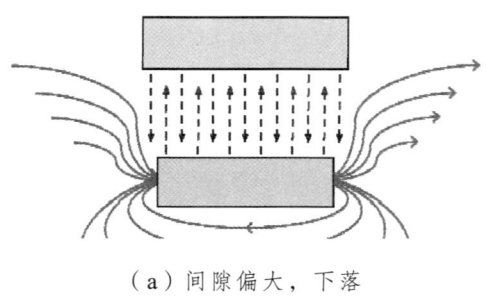

（a）间隙偏大，下落

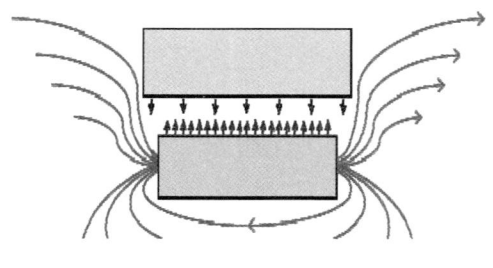

（b）间隙偏小，上升

图 3.10　超导磁斥悬浮状态自稳定

超导电动悬浮的悬浮能力较强，其悬浮间隙一般可达 100 mm 左右，相较于常导磁吸悬浮 8 ~ 10 mm 的悬浮间隙更具有优势。不过超导电动悬浮的技术也较为复杂，一般还需要额外屏蔽发散电磁场的设计。

3.1.5　超导钉扎悬浮

超导钉扎悬浮（Superconducting Nailing Suspension，SNS），就是小磁场中处于超导态的超导体有完全抗磁性，但当外磁场增大到某阈值时，超导体的完全抗磁性会被破坏。

1. 基本定义

不同的超导体具有不同的性质，它们抗磁性被破坏时的状态也不同——直接进入正常态的第 Ⅰ 类超导体、进入混合态的第 Ⅱ 类超导体。混合态仍是一种超导状态，但内部的磁感线未被完全排出。被排出的磁感线会与超导体内屏蔽电流相互作用，从而表现出排斥力的作用，如图3.11所示。

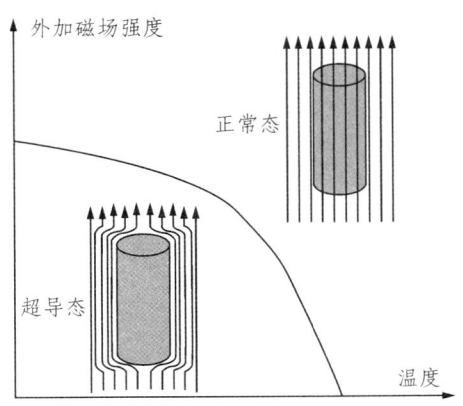

（a）第Ⅰ类超导体

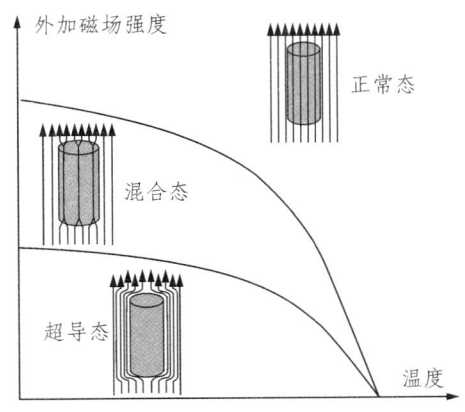

（b）第Ⅱ类超导体

图 3.11　第Ⅰ类超导体和第Ⅱ类超导体的温度-磁场相变特性

第Ⅱ类超导体的性质源于内部晶界、位错、空位、掺杂等缺陷。这些缺陷在内部产生钉扎中心，相当于非超导区域。外界磁场以磁通量子形式经过非超导区域（钉扎中心）附近时，会被其周围的超导区域排斥或阻滞，使其只能通过钉扎中心穿过超导体，这种现象称为钉扎效应，如图 3.12 所示。

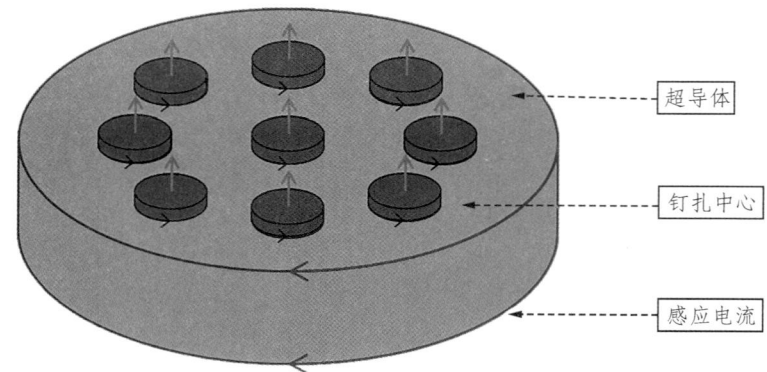

图 3.12　第Ⅱ类超导体钉扎效应示意图

2. 基本原理

在超导钉扎效应的作用下，超导体将部分磁感线束缚在钉扎中心里，同时阻止其他磁感线穿过。从宏观上来看，这就表现为超导体能随外磁场变化而感应出相应超导电流，从而与外磁场作用产生与自身重力相平衡的悬浮力以及保证自身稳定所需的导向力。因此，超导钉扎悬浮是一种能够在不均匀外加磁场中实现自稳定悬浮的磁悬浮类型，如图 3.13 所示。

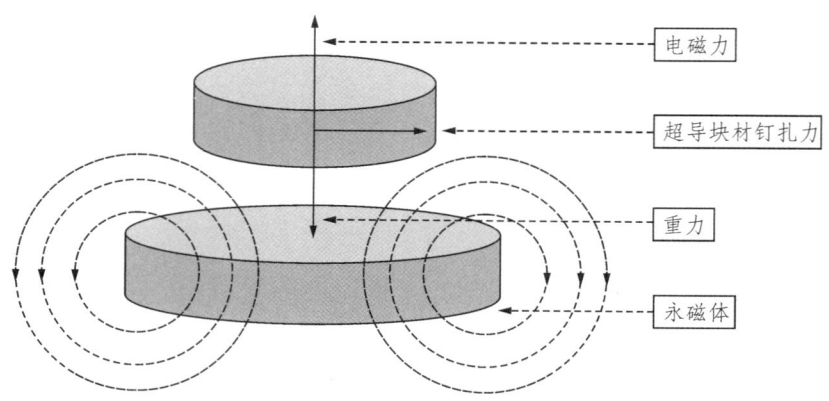

图 3.13　超导钉扎自稳定悬浮原理

3.2 磁浮高铁的主要类型

目前，在世界上磁浮高铁方面技术领先的国家主要是日本与德国。日本所研究的磁浮高铁主要是基于超导磁浮技术（Electro Dynamic Suspension，EDS），其最高试验速度达到了 603 km/h；德国所研究的磁浮高铁主要是基于常导磁浮技术（Electro Magnetic Suspension，EMS），目前其最高试验速度达到了 505 km/h。除此之外，目前世界上还有两种尚处于研究阶段的磁浮高铁技术——可采用液氮冷却实现更高工作温度（-196 ℃）的高温超导磁浮技术（High-Temperature Superconducting Maglev，HTS Maglev），通过进一步消除空气摩擦而达到更高理论运行速度的真空管道磁悬浮技术。

在磁浮高铁系统中，磁悬浮列车能够达到 500 km/h 以上的运行速度，得益于其中的磁浮装置，其中也包括不同类型的磁浮支承、驱动和导向设计等组件。磁浮交通系统是不同于传统轮轨技术的一种新型轨道交通模式。由于磁浮列车与轨道之间无直接机械接触，不受传统轮轨系统黏着极限的限制，因此它具有振动小、噪声低、加速快、线路适应性强等技术优势，是当今唯一运营速度能达到 500 km/h 的地面客运交通工具。从磁浮列车的悬浮原理、推进方式来看，磁浮高铁主要有四种类型：常导电磁悬浮高铁系统、超导电动悬浮高铁系统、高温超导磁悬浮高铁系统、真空管道磁悬浮高铁系统。

3.2.1 常导电磁悬浮高铁系统

常导电磁悬浮型（Electro Magnetic Suspension，EMS）系统，也叫电磁悬浮系统。电磁悬浮系统，是种电磁吸引式的主动控制型悬浮系统。这种磁浮高铁技术一般采用"车抱轨"的 T 字形轨道设计方案，让车辆"环抱"运行轨道行驶。其中由磁浮列车上的常导电流产生电磁吸引力，通过吸引轨道下方导磁体使列车获得足以抵抗自身重力的升力。在成功实现列车悬浮之后，由直线电动机驱动列车，实现列车的悬浮行驶功能，如图 3.14 所示。

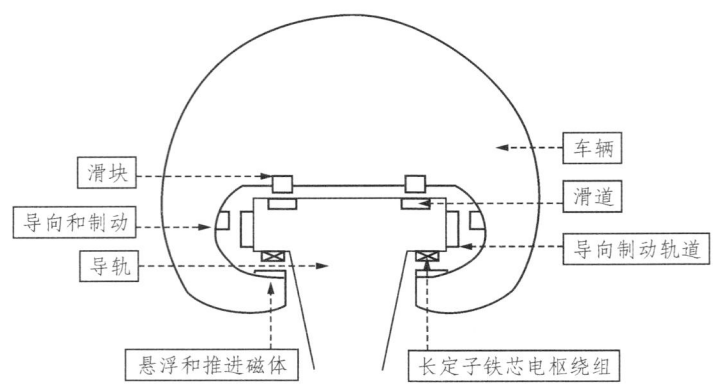

图 3.14 常导电磁式磁浮列车

1. 基本原理

常导电磁悬浮高铁系统的基本原理主要包括列车悬浮原理、列车驱动原理、列车导向原理等。

原理一：列车悬浮原理 常导电磁吸引式磁悬浮是一种依靠电磁力的主动控制悬浮方式。常导电磁悬浮列车通过常导电流控制磁浮列车下部的常导电磁铁，从而形成磁浮列车下方与行驶轨道底部导磁体之间的电磁吸引力，并以此为列车向上的升力，用于抵抗磁浮列车自身的重力并最终实现列车的悬浮状态。常导电磁悬浮列车一般通过一个精确快速的自动闭环控制系统对常导励磁电流进行实时的反馈控制，从而保证列车与轨道之间的悬浮间隙稳定且可靠。常导电磁悬浮型列车悬浮与间隙调节系统的结构，如图 3.15 所示。

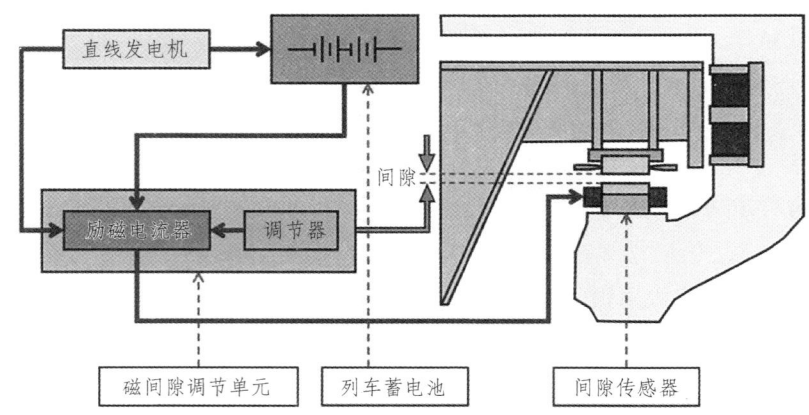

图 3.15 常导磁浮列车磁间隙调节系统

原理二：列车驱动原理 在列车的驱动牵引方面，常导电磁悬浮列车一般采用长定子直线同步电机作为牵引装置。长定子直线电机既设有初级线圈，也设有次级线圈，并且初级线圈和次级线圈的磁场同步运行。长定子直线电机的定子一般设置在导轨上，由于其定子绕组可以在导轨上无限长地铺设，故称其为"长定子"。常导磁浮列车一般采用导轨驱动技术，其运行速度和运行工况由地面控制中心直接控制。地面控制中心可以通过对定子（初级线圈、导轨侧）磁场移动速度的控制，实现对磁浮列车运行速度的精确把控，如图3.16所示。

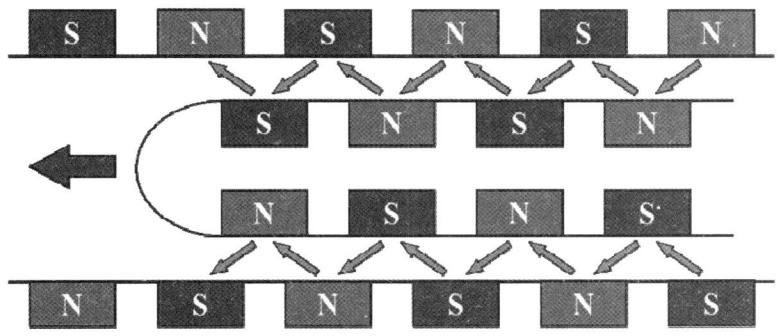

图 3.16 常导磁浮列车运行驱动原理

原理三：列车导向原理 高速常导电磁悬浮型列车在工作时，首先要调整车辆下部的悬浮与导向电磁铁的电磁排斥力，使其与地面轨道两侧上的线圈绕组产生电磁反作用力，从而将列车悬浮起来。在高速常导磁悬浮列车的行驶过程中，磁浮列车利用其车身下部的导向电磁铁与轨道侧边磁铁之间的反作用力，实现磁浮列车车身与导轨之间的侧向距离稳定。高速常导磁浮列车通过调节导向线圈与导向导轨之间的电磁作用力，实现其在高速运行过程中水平方向和垂直方向上的无接触支撑和无接触导向，如图3.17所示。

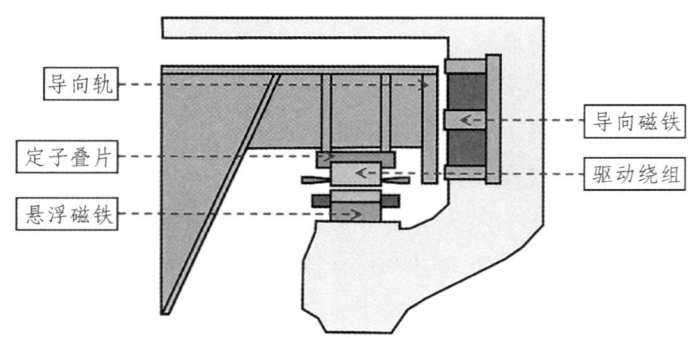

图 3.17 高速常导磁浮列车悬浮导向原理

在磁浮高铁系统中，不同于高速磁浮列车的运行导向设计方案，基于常导电磁悬浮技术的磁浮列车一般不利用导向线圈对车体的行驶方向进行控制，而是利用抬起车身的悬浮磁吸力的侧向分力来实现磁浮列车的导向运行。以日本中低速常导电磁悬浮列车为例，其悬浮、驱动以及导向系统的设计原理，图 3.18 所示。

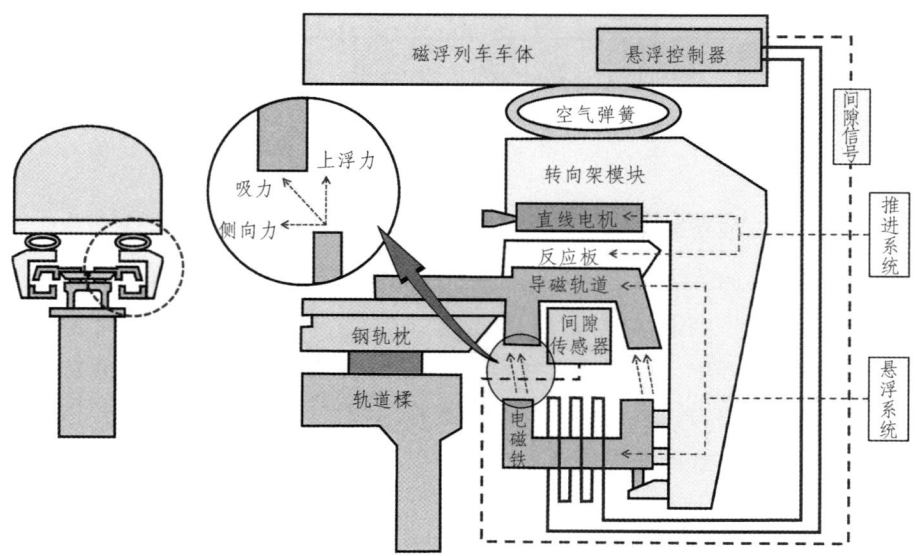

图 3.18 日本中低速常导电磁悬浮列车系统结构

2. 属性特征

在磁浮高铁系统中，常导电磁悬浮列车具有巨大的市场应用价值，发展前景广阔。然而传统电磁悬浮系统由于采用常导线圈，导线自身的电阻及有限的通流能力导致其在运行中会产生大量的能量损耗，限制了悬浮气隙的进一步增大。德国 TR 磁浮列车以及中低速磁浮列车通常采用常导电磁悬浮系统，它具有结构简单、可靠性高、技术成熟、静止悬浮能力强、调速范围广等优点。

3. 技术优点

在磁浮高铁系统中，常导电磁悬浮型系统的优点较多。

优点一：常导电磁悬浮型系统的噪声低、环保性好。由于列车在运行时没有轮轨的摩擦和震动，因此列车的噪声污染很小。常导电磁悬浮型系统不但没有机械磨损，而且没有电磁辐射污染以及废气污染。

优点二：常导电磁悬浮型系统的线路适应性强。爬坡能力强，转弯半径小，因此中低速磁浮用于城市轨道交通，可适应多弯、复杂的线路，绕过建筑物。

优点三：常导电磁悬浮型系统的乘坐平稳舒适。常导电磁悬浮型系统由于列车处于悬浮状态，与轨道无直接接触，振动小，运行平稳、乘坐舒适。

优点四：常导电磁悬浮型系统的运行安全可靠。常导电磁悬浮型系统是抱轨结构，所以不会发生脱轨的意外，安全可靠性高；采用电制动、机械制动、落车辅助制动等三重制动方式，有充分的安全保障。

优点五：常导电磁悬浮型系统的建设、维护成本低。转弯半径小、爬坡能力强，占地面积相应减少，降低工程综合成本；车体采用铝合金材质，质量较轻，且车辆振动小、承载均匀，因此桥梁和基础工程造价低；车辆运行时与轨道无接触，降低了维修成本。

优点六：常导电磁悬浮型系统的运营效益好。常导电磁悬浮型系统运输效率高，每小时可达 3 万人次；无机械磨损，使用寿命长；维修和管理人员少，提高运营效益；车辆自带动力，可根据客流灵活编组，达到节能效果。

4. 存在不足

常导磁浮列车利用列车上的电磁铁和导磁轨道的吸引力实现悬浮,列车通过控制悬浮磁铁的励磁电流来保证稳定的悬浮间隙,由直线电机来牵引列车行走。这样一方面电磁悬浮式列车悬浮气隙较小,一般为 8~10 mm,列车和轨道间相对状态不稳定,难于控制;另一方面,不需要辅助推进系统和导轮,静止时可以悬浮,带来了不确定性。

5. 应用情况

在高速磁浮列车的实际应用方面,常导电磁悬浮型的典型代表不仅有德国的 Transrapid 型磁悬浮列车,还包括我国上海的磁浮运营线以及我国目前正在研发的高速磁浮项目;在中低速磁浮列车的应用方面,常导电磁悬浮型列车凭借其"转弯半径小、爬坡能力强、不易脱轨"等优点也有着广泛的应用,包括我国的长沙磁浮快线、北京磁浮 S1 线,以及美国的中低速磁悬浮列车。德国 Transrapid 型常导电磁悬浮型列车,如图 3.19。

图 3.19 德国 Transrapid 型常导电磁悬浮列车

3.2.2 超导电动悬浮高铁系统

超导电动悬浮型(Electro Dynamic Suspension,EDS)系统,即电力悬浮系统,是一种基于动生电磁排斥力的列车悬浮系统。这种高速磁浮列车技术一般会采用"轨抱车"的 U 字形轨道结构设计方案,将低温超导磁体安装在运动的磁浮列车上,并在地面轨道上敷设相应的铝环结构。在磁浮高铁系统中,磁浮列车在运行导轨上高速行驶时会激发出轨道内悬浮引导线圈上的感应电流,这些感应电流进而将产生强大的电磁场,超导电动悬浮系统就是利用轨道感生磁场和车载低温超导磁体之间的同性磁极排斥力实现列车悬浮的。图3.20为超导电动推斥型磁浮列车的基本结构。

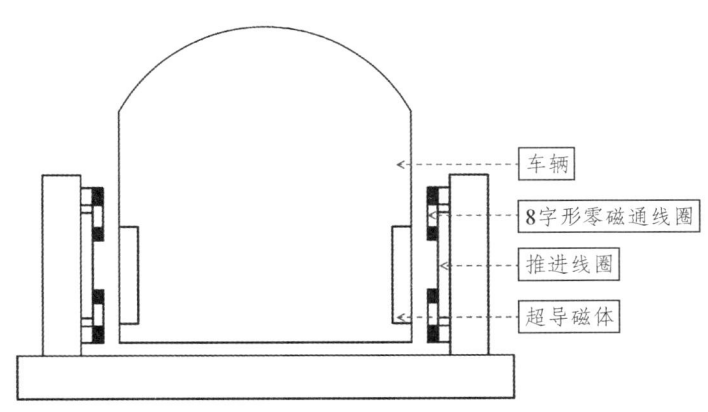

图 3.20 超导推斥型磁浮列车的基本结构

1. 基本原理

超导电动悬浮型列车系统的基本原理也主要包括列车悬浮原理、列车驱动原理、列车导向原理等。

原理一:列车悬浮原理 超导电动悬浮型列车是利用同性磁极之间相互排斥的原理来实现车辆悬浮的。由于抵抗重力的根源在于感应电流的磁场与超导线圈的磁场相互排斥而产生的斥力,因而当列车行驶速度越快时所受到的向上排斥力越大。在磁浮高铁系统中,超导电动型磁浮列车刚开始行驶时由于其速度过慢,产生的磁浮升力不足以抵抗列车自身的重力,因此需要借助辅助支撑轮帮助运行;当磁浮列车足够快并达到了一定的行驶速度时,列车便可收起支撑轮,开始脱离轨道表面进入悬浮状态。以日本的 ML(Maglev Linear,ML)型超导磁悬浮列车为例,其悬浮设计方案一般是在列车车体上安装超导线圈或永磁体,在轨道上敷设按规律排列的"8"字形线圈,利用列车运行过程中二者之间产生的磁斥力实现悬浮运行。其结构不同于"车抱轨"的常导磁浮列车,而是让列车被包裹运行在一个U形轨道槽内,如图3.21所示。

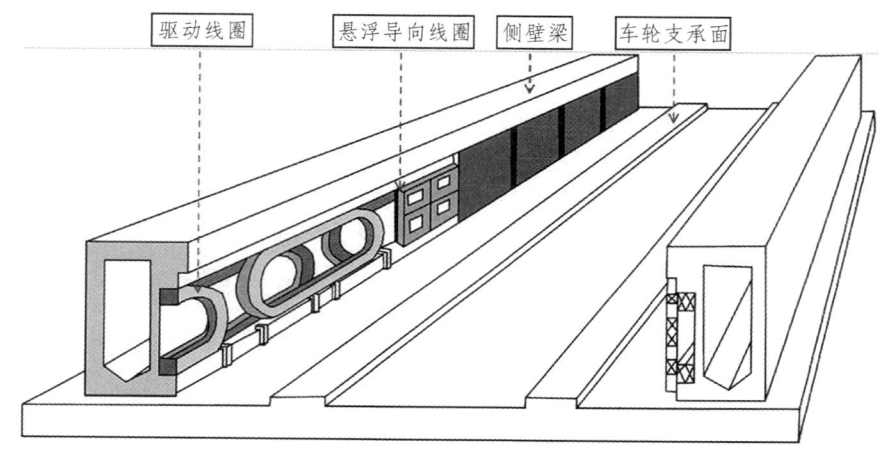

图 3.21　U 形轨道结构

原理二：列车驱动原理　　电动磁浮列车的驱动系统由直线电机系统组成。以日本超导电动磁悬浮列车的系统设计为例,该磁浮系统利用安装在列车车体上的超导线圈或永磁体,可以同时实现磁浮列车的悬浮、导向和推进作用,整个系统具有良好的自稳定性。在磁浮高铁系统中,磁浮列车推进系统主要由推进线圈和车载磁体组成,这种将车载磁体作为推进系统中"定子"的技术由日本首次开发,并应用在速度 500 km/h 的超导电动悬浮列车上。车载磁体在车辆悬浮、推进、制动以及转向等过程中都起着关键作用,被认为是整个车辆的"心脏"。如图3.22为超导电动悬浮系统中轨道"8"字形线圈的互联设计结构。

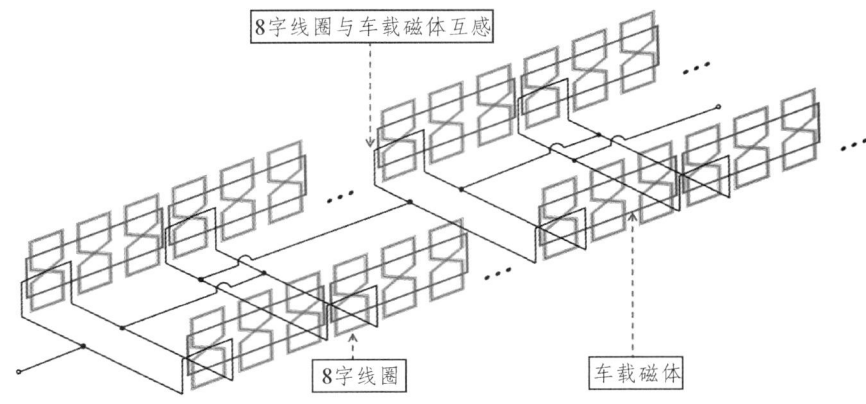

图 3.22 "8"字形线圈互联结构

原理三：列车导向原理 超导电动磁浮列车的悬浮导向系统结构多样，按磁体作用于轨道形式的不同可分为线圈型和导电板型，其中以日本超导电动磁浮列车为代表的感应线圈电动磁浮结构最为主流。感应线圈电动磁浮结构的轨道为 U 形，其悬浮力和导向力由竖直安装在 U 形轨道侧壁上的"8"字形零磁通线圈与车载电磁体的电磁作用产生，其牵引导向力则是由竖直安装在 U 形轨道侧壁上的定子线圈与车载超导磁体的电磁作用产生。在磁浮高铁系统中，当磁浮列车运行时，通过车载磁体与轨道线圈感应电流的相互作用，磁浮列车的车体可悬浮于轨道线圈中心以下的某一位置，同时也为列车的行驶导向提供调节作用。如图 3.23 所示。

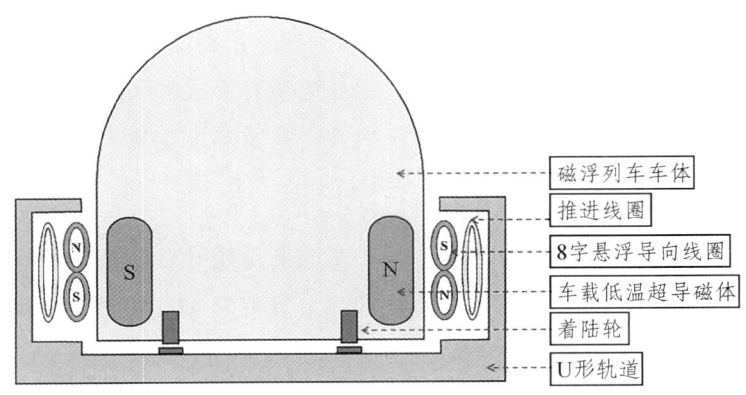

图 3.23 感应线圈电动磁浮结构

2. 属性特征

超导型磁悬浮列车需要在车底安装超导磁体，在轨道两侧铺设一系列铝环线圈，利用置于车辆上的超导磁体，与铺设在轨道上的无源线圈之间的相对运动来产生悬浮力抬起车辆。电动型悬浮气隙可达 100 mm，但电动型悬浮列车在静止和低速运行时不能悬浮，必须由轮子与轨道接触来支撑车体。与常导型磁浮列车相比，电动悬浮式列车具有更高的负载能力和理论速度。

3. 技术优点

在磁浮高铁系统中，超导电动悬浮高铁系统的优点也不少。

优点一：超导电动悬浮高铁系统的悬浮力大。在磁浮高铁系统中，超导电动磁浮列车的悬浮力大，列车运行速度更快，往往是高速磁悬浮列车。

优点二：超导电动悬浮高铁系统的速度快。在磁浮高铁系统中，超导电动磁悬浮列车，一般可以实现 500 km/h 以上的运行速度。

优点三：超导电动悬浮高铁系统的适应性强。在磁浮高铁系统中，超导电动磁悬浮列车，可以较好地适应多山地貌和地震频发的自然条件。

4. 存在不足

超导电动型悬浮气隙可达 100 mm，但在静止和低速运行时不能悬浮，需要有轮子与轨道接触来支撑车体；超导电动悬浮式列车需要屏蔽发散的电磁场，需要更高的价格成本和维护成本，技术难度也更大。

5. 应用情况

超导电动悬浮型列车，主要指的是基于低温超导磁斥式悬浮技术的磁浮列车。超导磁斥式悬浮列车的典型代表为日本的 ML 型超导电动磁浮列车，还包括日本东海铁路公司设计速度可达 603 km/h 的山梨线，以及目前日本在建的中央新干线磁浮线，如图 3.24 所示。

·第3章 磁浮高铁的基本原理·

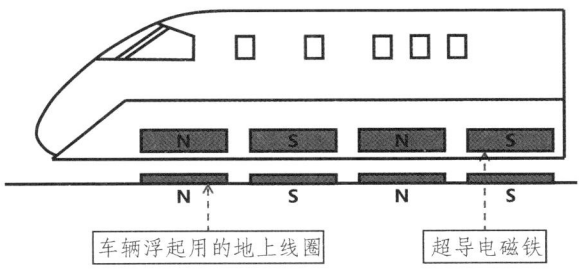

（a）让车辆浮起

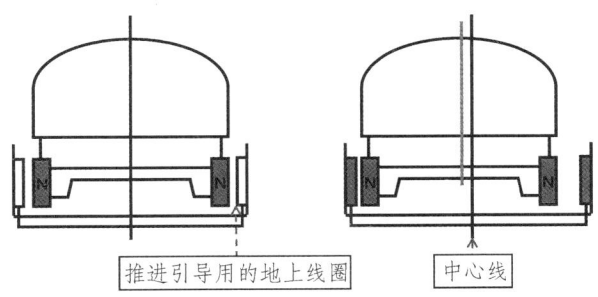

（b）让车辆回到中心轨道

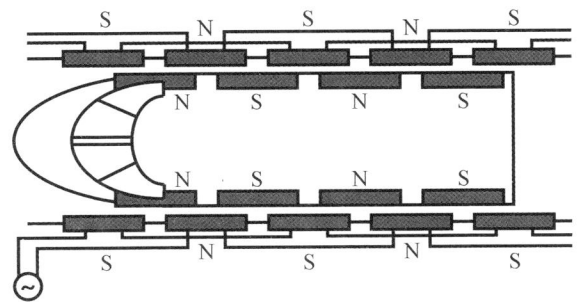

（c）车辆推动

图 3.24　日本磁浮系统运行原理

3.2.3 高温超导磁悬浮高铁系统

高温超导磁悬浮(High-Temperature Superconducting Maglev,HTS Maglev)是另一种超导电动悬浮技术,该技术在工作时利用液氮代替液氦对车载超导磁体进行冷却。相比目前低温超导磁浮技术,高温超导磁浮技术提高了磁浮列车运行时车载超导体的工作温度,其理论运行能耗会进一步降低。高温超导磁悬浮技术基于感应原理,主要利用高温超导体在混合态中的磁通钉扎特性及抗磁性,以此来实现稳定悬浮。这种自稳定悬浮抗干扰能力强,相比于其他悬浮方式有着其自身的特殊优势。如图3.25为高温超导磁悬浮列车的基本结构。

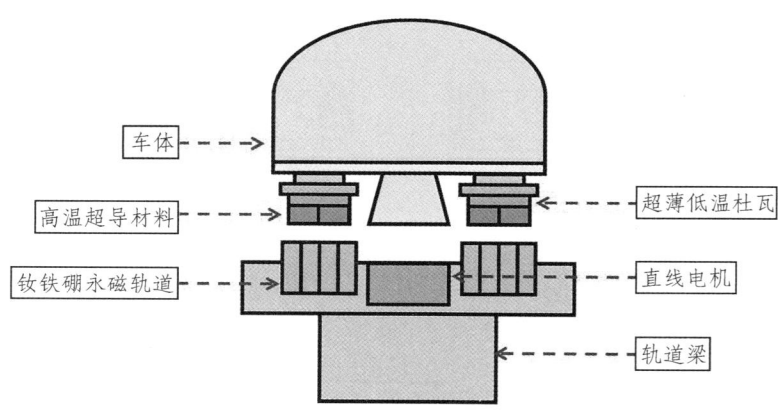

图 3.25 高温超导磁悬浮列车

1. 基本原理

超导磁悬浮根据冷却温度不同,又可以划分为高温超导磁悬浮和低温超导磁悬浮,与低温超导磁悬浮的液氦冷却(零下269 °C)不同,高温超导磁悬浮采用液氮冷却(零下196 °C),工作温度得到了提高。

原理一:高温超导磁悬浮系统 在磁浮高铁系统中,利用非理想第Ⅱ类高温超导体在混合态中的磁通钉扎特性以及抗磁性来实现稳定悬浮。其悬浮原理为高温超导体处于超导态并置于永磁体上方时,由于磁场梯度的存在，高温超导体表面会产生感应电流。由于高温超导体会表现出零电阻特性，因此其感应电流不会衰减。此外由于第Ⅱ类超导体处于混合态时其内部能够存在的磁通量是固定且稳定存在的，因此即使是处于不均匀的外加磁场中仍能在宏观上表现出自稳定悬浮态。

原理二：高温超导磁悬浮列车 由车载超导材料及其低温系统、地面永磁轨道系统和驱动系统三大部分组成。在磁浮高铁系统中，车载超导体一般采用超导单畴稀土钡铜氧（REBCO）块材，目前已有的高温超导磁浮列车大多都使用其中的钇钡铜氧体（YBaCuO）作为车载超导体。在磁浮高铁系统中，高温超导磁浮列车的轨道一般由钕铁硼（NdFeB）永磁体和聚磁铁轭等按一定的结构组装而成，以便在轨道上方获得较大磁场。对于高温超导磁浮列车而言，其运行的驱动系统则一般由直线电机组成。如图3.26 为日本铁道技术研究所于 2017 年开发的首个试验型全尺寸二代（REBCO）超导磁体设计结构。

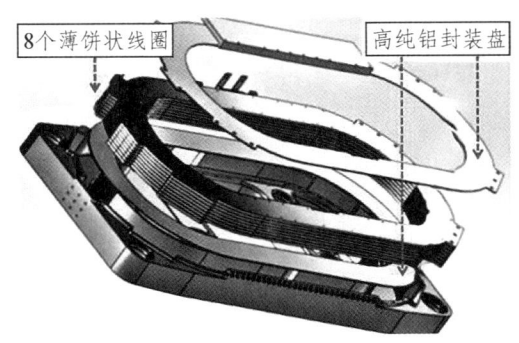

图 3.26 试验型全尺寸二代 REBCO 车载超导磁体

2. 属性特征

高温超导材料具有电流密度大、无阻载流的特点。在直流状态下，高温超导带材的电阻一般小于 10~11 Ω/cm。因此使用高温超导材料绕制悬浮电磁铁，可以大大降低损耗，减小线圈体积。高温超导磁浮技术利用非理想第Ⅱ类超导体的磁通钉扎特性，以及其在梯度磁场中产生的自稳定悬浮现象来实现列车悬浮。高温超导磁浮技术无须像电磁悬浮列车一样需要复杂地悬浮于导向控制系统，是一种新型悬浮导向一体化轨道交通应用技术。

高温超导可工作于液氮温区，低温系统简单且制冷成本低。高温超导的悬浮间隙一般在 8~20 mm，在实际道路建设中对轨道平顺度、路基下沉量等有一定要求。基于轨道的特殊建造需求，高温超导磁悬浮技术对稀土永磁体资源的需求较大。如图 3.27 为日本藤仓公司于 20 世纪 90 年代初研制的二代高温超导带材设计结构。

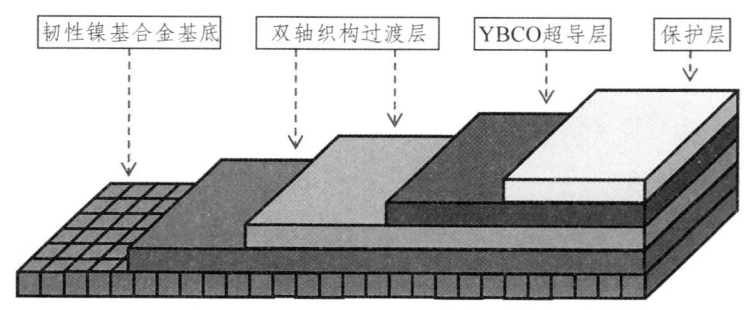

图 3.27　二代高温超导带材结构

3. 研究现状

1997 年，我国西南交通大学超导技术研究所便开始高温超导磁悬浮列车的探索研究。2000 年，世界首辆可载人高温超导磁悬浮试验车"世纪号"在西南交通大学研制成功，主要由 YBCO 块材和 3 mm 低温杜瓦容器组成，地面永磁轨道全长 15.5 m，轨道表面磁场强度达 1.2T，悬浮高度 10 mm 时可产生 10 431 N 的悬浮力。2013 年，西南交通大学牵引动力重点实验室经过对永磁轨道排布、车载 YBCO 块材排布、块材磁化的研究，建成了新一代高温超导磁悬浮试验系统，如图 3.28 所示。

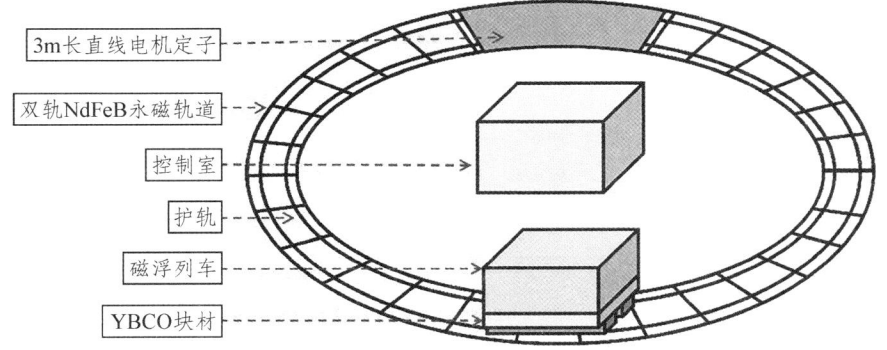

图 3.28　西南交大新一代高温超导磁悬浮试验系统示意图

2014 年，西南交通大学结合真空管道与高温超导磁浮，在现有高温超导磁浮技术上搭建了 Super-Maglev 真空管道/高温超导磁悬浮试验线（Evacuated Tube Transportation-High Temperature Superconductor，ETT-HTS），如图 3.29 所示。

图 3.29　Super-Maglev 真空管道/高温超导磁悬浮试验线

世界各国都加快了对高温超导磁悬浮技术的研究。目前，德国、日本、巴西以及美国都在开展有关高温超导磁悬浮交通系统的研制。2004 年，德国研发出第一代直线电机驱动的高温超导磁浮车 SupraTransI，轨道长 7 m，用 40 块三籽晶熔融织构法制备的 YBCO 块材与双轨钕铁硼永磁轨道作用产生悬浮。2011 年，德国开发出第二代 SupraTransII，其钕铁硼永磁轨道延长至 80.84 m，仍利用 YBCO 块材悬浮，悬浮力和间隙有所提高。同时改用短定子直线电机驱动，最高行驶速度为 20 km/h，如图 3.30 所示。

图 3.30 德国 IFW 研制的 SupraTransII

2014 年,另一条较为成熟的高温超导磁悬浮线在巴西里约热内卢联邦大学落成。该线路基于 Maglev Cobra 计划,定位于中低速悬浮,旨在缓解市区内轨道交通压力。Maglev Cobra 试验线建在联邦大学内,钕铁硼永磁轨道全长 200 m,车身采用 GFRP 玻璃钢制作,单节载客量 24 人,如图 3.31 所示。

(a)车体结构

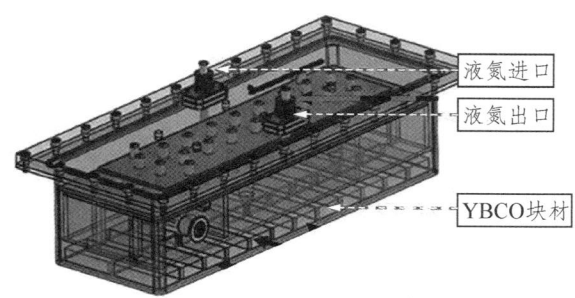

(b)悬浮装置

图 3.31 巴西 Maglev Cobra 低速高温超导磁悬浮系统

尽管许多国家都在大力研究高温超导磁悬浮技术，但是目前的技术成果依旧主要处于实验室试验或小规模低速实用阶段，并未开展商业化运营的探索。相比较而言，常导电磁悬浮技术和低温超导悬浮技术的商业前景更为明朗。

3.2.4　真空管道磁悬浮高铁系统

真空管道磁悬浮（Evacuated Tube Transport，ETT）列车技术，即超级高铁技术（Hyperloop technology），是以"真空管道运输"为理论而设计的交通工具。超级高铁技术在利用磁浮技术消除列车与轨道间摩擦的基础上，将一系列"真空管道"连接起来构成整个运输线路系统，并让超级列车在封闭且真空的管道中运行，以此达到消除空气阻力、实现更高速度的目的。如图 3.32 为真空管道磁悬浮的概念设计。

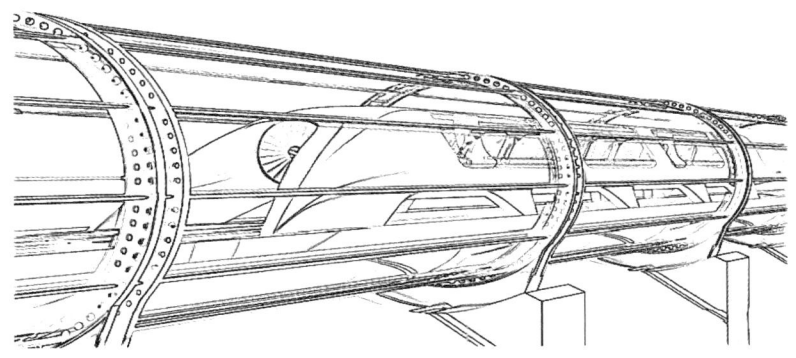

图 3.32　真空管道磁悬浮

1. 基本原理

真空管道磁悬浮技术是将高速磁浮列车置于近似真空的管道环境中运行，具有无摩擦、低噪声、低阻力、低能耗、运行速度高等特点。真空管道运输技术的原理就是在地面或地下建一个密闭的管道，用真空泵抽成真空或部分真空，以此来消除行驶在内的磁浮列车所受到的空气阻力。在这样的环境中开行车辆，行车阻力就会大大减小，可有效降低能耗，同时气动噪声也可大大降低，符合环保要求。同时由于真空管道磁悬浮列车在密闭的真空管道内行驶，不会受到空气阻力、摩擦以及天气状况的影响，运行速度理论上可以达到 1 000 km/h 以上，并且其经济性、环保性、实用性、安全性均很高，是一种理想的交通运输方式。如图 3.33 为真空管道的概念设计。

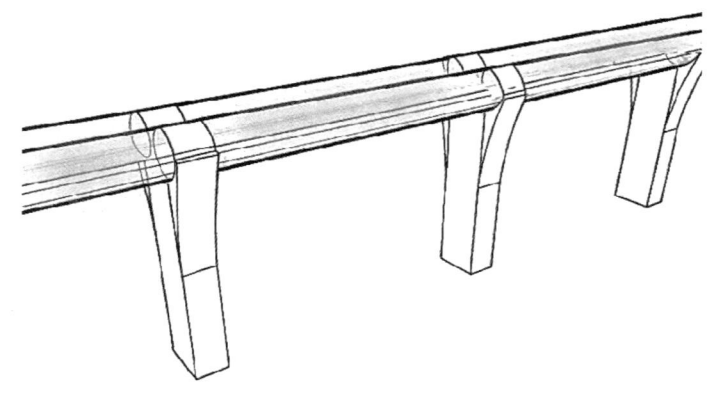

图 3.33　真空管道概念设计图

2. 研究现状

真空管道运输系统将悬浮列车技术和低气压管道技术相结合，最大限度减小列车高速运行时的摩擦阻力和气动阻力，以实现悬浮列车地面最高运行速度。从理论上说，列车在轨道上悬浮行驶时的最高设计速度可达 1 200 km/h（该速度也叫超音速，声音传播速度 340 m/s 大约是 1 200 km/h）左右。为了开发这一超级高铁技术，美国特斯拉首席执行官埃隆·马斯克（Elon Musk），于 2013 年提出了真空管道磁悬浮技术，即超级高铁技术的创意构想。真空管道磁悬浮列车系统的结构概念设计，见第 1 章的图 1.4。

自 2013 年，美国人马斯克提出超级高铁概念以来，这一超前的技术理念迅速席卷全球。目前，包括俄罗斯、法国、英国、韩国以及阿拉伯在内的许多国家都纷纷开始关注并研究真空管道磁悬浮技术。然而虽然从技术层面来看，超级高铁系统所使用的各种关键技术（包括低压管道、压缩机、太阳能等技术)都是成熟可行的,但是从实际的应用层面角度来看,超级高铁技术的真正落实还有许多其他问题亟待解决。因此,目前真空管道磁悬浮技术的理论已经成熟,但应用方面仍旧处于初步的工程探索阶段。

3. 结构设计

真空管道磁浮系统整体,如图 3.34 所示。轨道衔铁和弧形混合电磁铁分别以 37° 对称置于真空管道和胶囊列车斜上方,形成吊轨上吸式悬浮;牵引直线电机动子位于列车下方,定子在管道底部,两侧设有安全支撑轮。

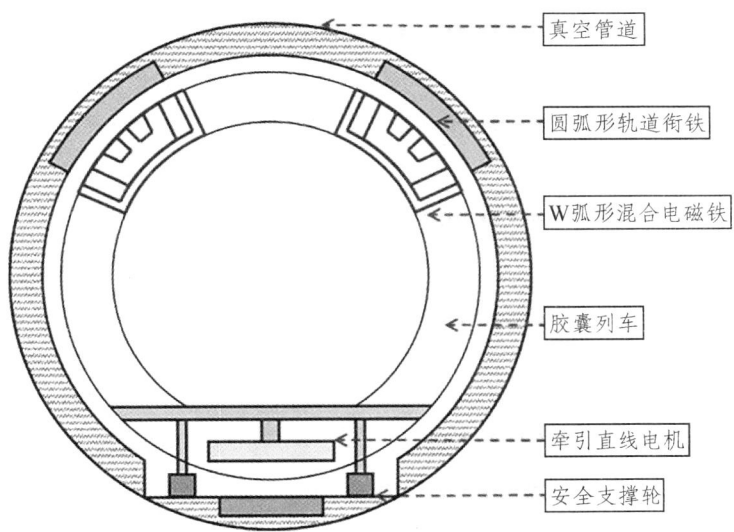

图 3.34 真空管道磁浮系统结构

在高铁系统中,真空管道磁浮列车也称为超级列车(也叫"胶囊"列车)。如图 3.35 所示,超级高铁列车的外形设计酷似一颗"胶囊",其单体的理论设计质量为 183 kg,长度约为 4.87 m,可以容纳 4~6 名乘客以及约 367 kg 的货物。超级高铁列车的设计推进方式主要以空气压缩为主,超级列车前部的空气压缩装置是目前概念设计中的主流方案。

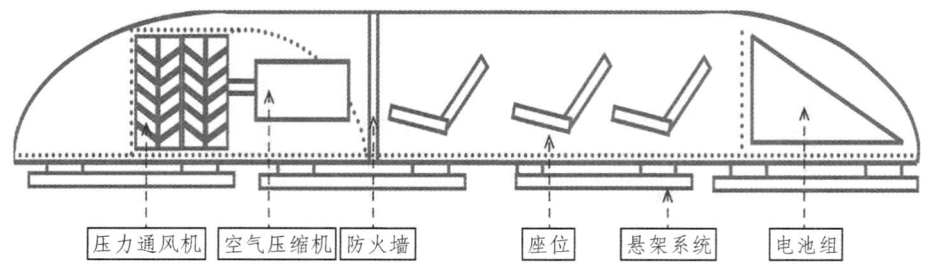

图 3.35　超级高速列车结构设计概念图

在高铁系统中，真空管道磁浮的线路由一系列管道构成。理论上在真空管道内每隔 2~3 km 需设立一个泵站，保证维持管道内的真空环境。真空管道主要将由钢铁构成，在设计上每 30 m 由一个支架支撑，保证其具有一定抗震作用的高牢固结构。同时在真空管道表面覆盖太阳能电池板，为整个超级高铁系统供电，如图 3.36 所示。

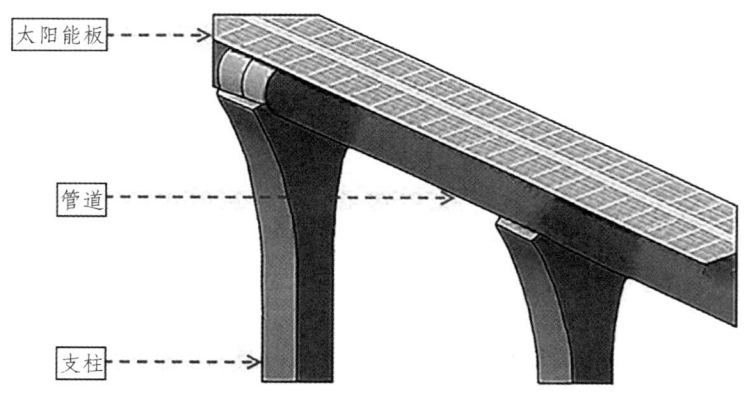

图 3.36　超级高铁管道示意图

3.3　小　结

在磁浮高铁系统中，磁浮列车是一种由无接触的磁力支承、磁力导向和线性驱动系统等组成的新型交通工具。目前，主流的磁浮列车类型主要有常导电磁悬浮型、超导电动悬浮型、高温超导磁悬浮、真空管道磁悬浮等，如表3.1。

表3.1 四种磁浮列车类型的特点比较

类 型	技术原理	设计/试验速度	代表车辆	商业/试验线路	现状
常导电磁式	电磁悬浮（磁吸式）	最高试验速度505 km/h；中低速100~200 km/h	德国TR01~09系列	TVE试验线速度达到450 km/h；中低速多条商业线运营	商业运行
低温超导磁浮	电动悬浮（磁斥式）液氦冷却	最高试验速度603 km/h	Maglev系列、L0	山梨试验线速度达603 km/h、东京—名古屋商业线获批	商业运行
高温超导磁浮	电动悬浮液氮冷却	高速	世纪号	巴西"Maglev Cobra"试验线	试验阶段
真空管道磁浮	低气压管道悬浮列车	目标速度大于1 000 km/h	全尺寸乘客舱	测试线路：法国图卢兹、美国内华达州沙漠	试验阶段

表3.1列举了四种磁浮列车类型间的不同特征。由表3.1可知，常导电磁悬浮和低温超导电动悬浮技术已经成熟，代表国家有德国和日本，即德国常导电磁悬浮和日本低温超导电动悬浮。而高温超导磁悬浮和真空管道磁悬浮目前均处于研发和测试阶段，尚未实现商业运营，仍然需要进一步研究。

第 4 章　磁浮高铁的属性特征

在磁浮高铁系统中，磁悬浮列车不但具有安全性、稳定性、环境友好性，而且具有高速、大运量等特点，被视为将来综合运输系统中最具发展前途的高科技运输工具之一。磁浮高铁作为大公交通方式的一种，磁浮高铁系统的运行原理与轮轨铁路、高速铁路、城市轨道交通等相似，而且磁浮高铁系统的构成也和这些交通方式基本一致。在磁浮高铁系统中，磁浮高铁系统由运行控制系统、车辆系统、牵引供电系统和线路轨道系统等四个子系统组成。因此，磁浮高铁系统的特点不仅在于其非接触式的"悬浮"运行方式，而且它还是一个高度集成的自动控制系统。

4.1　安全性

安全性（Safety）就是磁浮高铁系统运行的安全程度，是广义上的安全性。在磁浮高铁系统中，磁浮列车通过多项安全设计技术来确保其运行的安全性。一方面，磁浮高铁系统构造为车辆环抱线路行驶，保证不会脱轨；另一方面，由于磁悬浮列车没有架空电网和受电弓，而且其供电轨道安装在轨道梁的底部，因此轨道难以积雪、结冰。此外，磁浮系统没有车轮和铁轨的接触以及受电弓的机械接触，因此震动小，舒适性好。磁浮列车的工作属于无磨损运行，日常维修也主要集中在电子技术方面，无须大量体力劳动。常导电磁悬浮型列车的"抱轨"结构，如图 4.1。

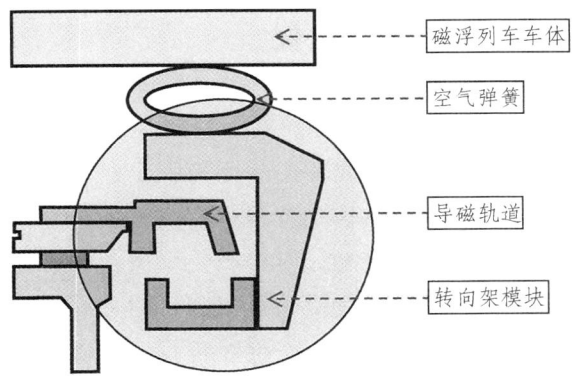

图 4.1 磁浮列车"抱轨"结构

（1）**磁浮高铁系统安全性的设计目的**：在磁浮高铁系统中，安全悬浮系统设计的目的之一是避免悬浮或导向系统失控。无论发生何种故障，悬浮与导向的功能都不能失效，二者必须保证列车运行至下一站。因此，磁悬浮列车悬浮系统必须具有高可靠性。磁悬浮列车设计必须保证磁浮系统的安全悬浮，还要求列车能到达有辅助电源和使人员安全撤离条件的停车点。

（2）**磁浮高铁系统安全性的设计原则**：在磁浮高铁系统中，磁悬浮列车高可靠性和安全性设计的基本原则：运行的列车在所有干扰、故障和紧急情况下，能够保证在指定的磁浮列车停车点停下，以便旅客能完全撤离列车并可找到一个安全的停留点。

（3）**磁浮高铁系统安全性的设计架构**：在磁浮高铁系统中，磁悬浮高速列车系统的技术结构本身可以预防传统交通系统的事故。这是因为：铁路列车只是靠其车轮的窄凸缘保持在铁轨上，而磁悬浮高速列车是环抱在其路轨上，因此它不会出轨，电磁行波场的方向决定了列车的行驶方向，路轨驱动这一技术方案，使撞车不可能发生，在同一路段上行驶的两辆或多辆列车不可能以不同的速度甚至朝不同的方向行驶。

 磁浮高铁简史

4.2 环保性

环保性（Environmental Friendliness）就是磁浮高铁系统对环境的友好程度。在磁浮高铁系统中，磁浮系统运行对环境造成的负担比其他可比较的交通系统更少。同时磁浮线路的封闭面积小、表面积需求小、能耗比小，因此二氧化碳排放量及声响发射也有优越性。这样：一方面，导轨与列车车体之间实际没有接触，不会产生摩擦，更不会产生因摩擦而引起的结构损坏，列车运行速度最快可以超过时速列车；另一方面，磁浮列车没有高速转动的部件，不会产生铁粉或橡胶粉尘排放，避免环境污染。

（1）磁浮高铁系统噪声小（Quietness）：传统交通噪声来自马达、滚动和空气动力学（风）等噪声。而在磁悬浮高速列车系统中听不到马达噪声，它的无接触技术不产生滚动噪声。只是在速度达到 200 km/h 以上，产生随着速度增长的空气动力学噪声。同等速度下，磁浮列车噪声明显比其他陆上交通工具低。在磁浮高铁系统中，运行过程中因没有接触，没有摩擦，使乘客感到更加平稳与舒适，同时也不会有因轮轨摩擦而产生的噪声。由德国技术监督协会（TV-Rheihland）做出的比较测试表明，磁悬浮高速列车系统在 300 km/h 的情况下产生的噪声只有城市快车在 160 km/h 的情况下所产生的噪声的一半，甚至明显低于城郊列车在 100 km/h 的情况下产生的噪声。在 400 km/h 的情况下，它比铁路系统产生的噪声水平也要低得多。

在磁浮高铁系统中，磁浮列车行驶时产生的噪声相当于成年人大声说话的分贝（相当于 70 分贝），低于汽车行驶的声音。根据国家标准，距离城市轨道中心线 30 m 处的噪声极限值为 70 分贝［分贝是度量声音强度，常用 dB（decibel, /ˈdɛsɪ.bɛl/）表示，"分"（deci-）指十分之一，个位是"贝"（bel）］，而中低速磁浮列车在 5 m 范围内的噪声测试平均值为 66 分贝。磁浮列车与轮轨列车在车内和车外的噪声分贝比较，如图 4.2。

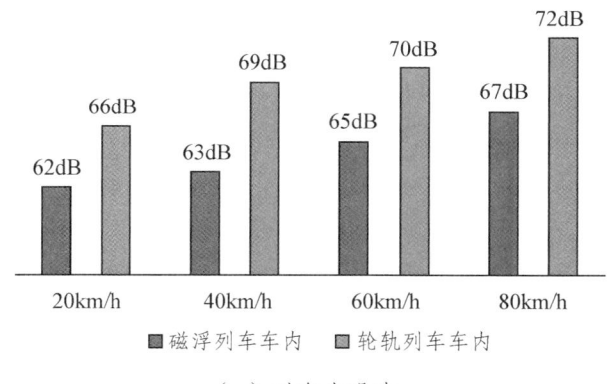

(a)列车内噪声

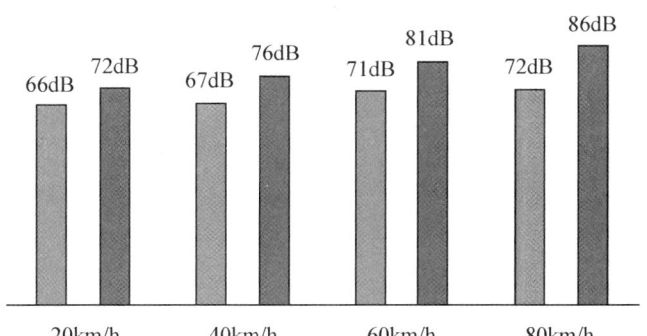

(b)列车外噪声

图 4.2 磁浮列车与轮轨列车的噪声分贝比较

(2)磁浮高铁系统辐射少(Less Radiation):据美国、中国等权威机构在磁浮上海示范线进行的全面、综合测量,以及与电磁辐射国际标准、国家标准分析比较,结果表明:高速磁浮交通系统对环境的电磁辐射与高速轮轨系统、地铁系统相当,均远低于现行标准限值,不会对社会公众和职业人员的健康造成不利的影响。

在磁浮高铁系统中,车厢内电磁场强度最大值仅为世界卫生组织公布限值的 10%,远低于微波炉、电吹风等常用家电。在磁浮高铁系统中,列车经过时,距离中低速磁浮列车 1 m 左右的辐射量约为 10 μT(μT 也叫微特,是辐射的单位。10 μT 相当于电磁炉的辐射量);距离列车 3 m 左右的辐射量约为 1 μT(相当于微波炉的辐射量);距离 5 m 左右的辐射量约为 0.3 μT(相当于电动剃须刀的辐射量);而距离列车 10 m 以外的辐射量已经跟自然环境相当。磁浮列车车外各距离处与日常用品的辐射量比较,如图 4.3。

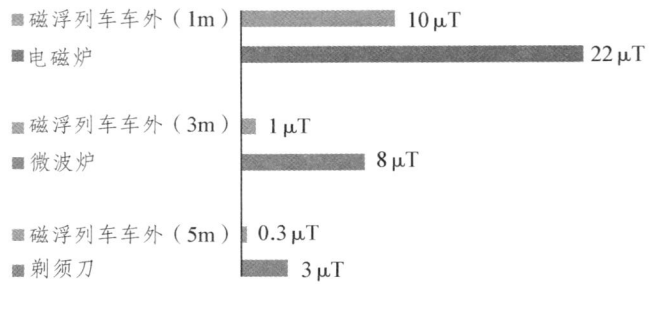

图 4.3 磁浮列车低辐射

(3)磁浮高铁系统占地少(Less Occupation):因具有相对较高的爬坡能力与较小的转弯半径,其线路对地形的适应性较强,可以沿既有交通走廊选线,从而少占用土地,不增加新的环境负担,减少噪声对大众和自然生态的影响。在磁浮高铁系统中,磁浮列车的转弯半径可以短至 100 m,同时能够在最大坡度 5% 的斜坡上行驶;而轮轨交通的转弯半径一般为 350 m,仅能够在坡度 3% 的斜坡上行驶。因此,磁浮列车可以更好地绕开建筑物、障碍物,因此未来它能够在城市的半空中畅行无忧。磁浮线适于地面、高架或地下建线,利用其爬坡和转弯的特性,能更容易避开障碍物,减少征地和拆迁量,有利于降低工程总造价。磁浮列车的路面环境适应性,如图 4.4 所示。

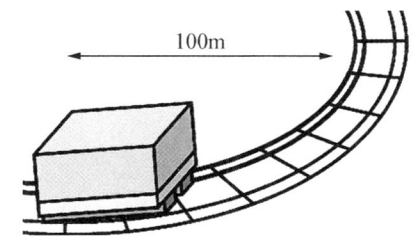

（a）更小转弯半径

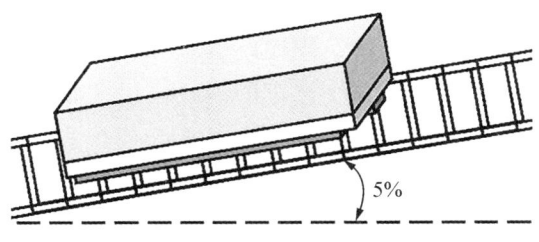

（b）更大爬坡能力

图 4.4 磁浮列车适应性强

4.3 节能性

节能性（Energy Saving）就是磁浮高铁系统在运营时的能源消耗程度。铁路是公认的节能交通系统，而高速磁浮交通系统更加节能。这主要源于磁浮列车的非接触运行方式、磁浮系统的分段供电技术、磁浮列车更小的列车截面设计、磁浮列车的减轻自重措施和高强度轻质材料运用等。德国技术监督协会研究表明，在相同运行速度下，磁浮列车比高速轮轨铁路节能 20%～40%。此外，磁浮列车运行过程中的馈电能源能够回收利用；磁浮列车采用的同步直线电机驱动方式也使得供电效率更高。

在磁浮高铁系统中，磁浮高铁在平均运行车速为 400 km/h 的情况下，一般来说通常只需要 6 400 kW/km 左右的电能即可保持磁悬浮列车的正常运行；轮轨高铁在平均运行车速为 250 km/h 的情况下，需要 4 900 kW/km 左右的电能即可保持轮轨高速列车的正常运行；轮轨高铁在平均运行车速为 350 km/h 的情况下，需要 9 800 kW/km 左右的电能即可保持轮轨列车的正常运行。磁悬浮高速列车系统的低能耗特性，得益于其无摩擦损耗悬浮运行特点（无接触技术）、高效率的同步长定子电动机以及诸如质量轻、阻力小（没有上部滑接线）等优良的磁浮列车车辆特性。所以磁悬浮高速列车系统在速度相同的情况下，比高速铁路轮轨快车减少能耗 30%。换句话说，在相同的能耗下磁悬浮高速列车能多做约 1/3 的功。与公路和航空相比，磁悬浮高速列车系统的低能耗就更明显了。在相同的距离下，小汽车的能耗高出 3 倍，飞机的能耗高出 5 倍，如图 4.5 所示。

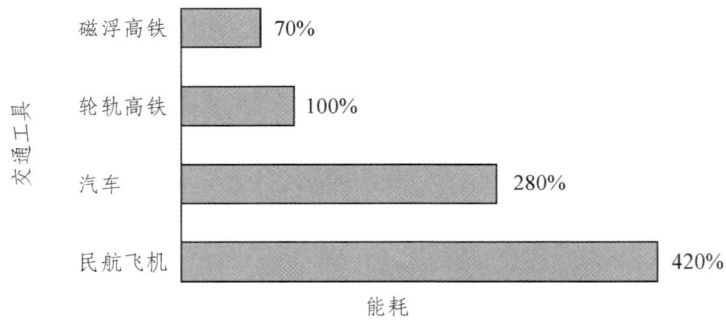

图 4.5 不同交通工具的能耗对比

在磁浮高铁系统中，磁悬浮高速列车系统的配电站设置安放距离，以及其设计工作功率会根据需求而定。例如在动力需求高的爬坡段或加速段，设计的电机功率要高于平缓匀速行驶区段。而在传统交通系统中，列车电机须全程按其最高功率供电。显然在那些不需要最高功率的区段是不需要而且不经济的。此外，车辆制动所产生的能量可反馈回电网，如图 4.6 所示。

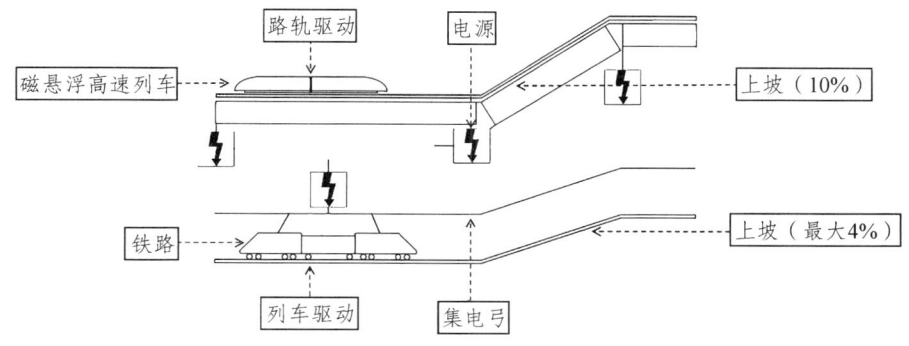

图 4.6 电机功率的合理设计

4.4 可靠性

可靠性（Reliability）就是磁浮高铁系统运行的可靠性，主要包括冗余设计、无接触供电和平均寿命等。在磁浮高铁系统中，磁浮交通系统是一个高度自动化和信息化的主动控制系统。列车运行、控制和维护都实现了自动化，且以诊断技术为基础，实现了运营、维护及管理的完全信息化。由于系统技术的自动化和信息化特征，其运行可靠性相对更高。由于自身的技术特点，磁浮线路有着更小的转弯半径和更大的爬坡能力，这使得磁浮交通线路能更好适应周边地形，其选线设计更加灵活。磁悬浮系统主要通过冗余设计和无接触供电等方法提高了其运行可靠性。

（1）磁浮高铁系统的冗余设计（Redundancy Design）：在磁浮高铁系统中，磁浮列车的悬浮、导向和驱动系统等普遍有冗余部件和自动化检测装置。当某个部件发生故障时，冗余部件立即接替工作，保证整个系统的运行不会因为出现单一故障而中断。以供电系统为例，为了满足车辆供电的要求，通过蓄电池供电与感应线圈供电相结合的方式，减少地面供电设备数量。在每节车辆上设置多个车载电网、每个电网上并联接多个相同的供电设备同时向车辆用电设备供电，通过供电系统的多重冗余设计保证车辆供电的可靠性，如图 4.7 所示。

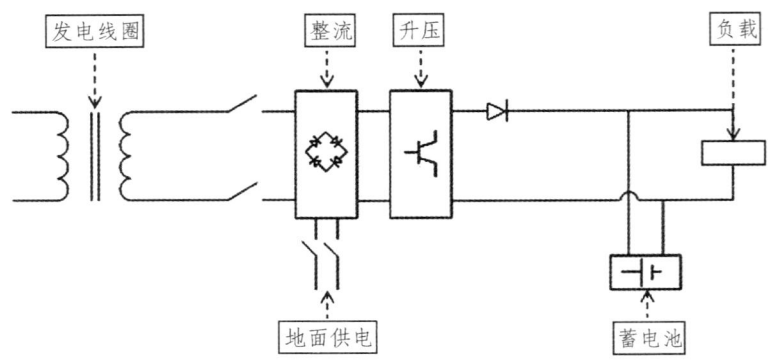

图 4.7 磁悬浮车辆供电原理

（2）**磁浮高铁系统的无接触供电**（Contactless Power Supply）：在磁浮高铁系统中，在悬浮状态下路面和列车底面之间的距离为 15 cm，这样列车可以超越路面上低于 15 cm 的障碍物或积雪而保持悬浮状态。悬浮和导向系统以及车上的装置由悬浮磁铁中的线性直流发电机无接触供电。因此，磁悬浮高速列车系统既不需要在车顶上安装滑动接线器，也不需要集电器。在磁浮高铁系统中，列车运行的同时车上所携的蓄电池被充电。若遇供电中断，则由蓄电池继续供电。

（3）**磁浮高铁系统的平均寿命**（Mean Life）：在磁浮高铁系统中，由于磁浮高铁列车运行时与轨道保持一定的间隙，因此它具有运行安全、平稳舒适、无噪声等特点，几乎可以实现全自动化运行。磁悬浮列车的使用寿命可达 35 年，而普通轮轨列车只有 20～25 年；磁悬浮列车路轨的寿命可达 80 年，而普通路轨平均寿命只有 60 年。

4.5 适用性

适用性（Applicability）就是磁浮高铁系统运行的实用程度。由于速度差异，高速磁浮和中低速磁浮的适用范围不同。在磁浮高铁系统中，高速磁浮速度在 400 km/h 以上，可在中长距离实现舒适出行，与轮轨和民航互为补充、合理分工，在中长距离大城市之间实现快速联系，开行高密度、大编组点对点直达列车，再利用磁浮城际线、高速公路、铁路等对枢纽范围内的中小城市辐射、集疏旅客。

在城市群内部，中低速磁浮系统适合作为城市群内主要节点城市之间的通勤交通。以城市群内的特大型城市为核心，集聚和辐射周边中小城市，形成 1 小时内的商务、公务、通勤、旅游等出行圈。磁浮交通系统与现有交通系统融合，可在枢纽—车站、车站—车站间开行高密度、中小编组点对点列车，如图 4.8 所示。

（a）高铁站房与磁浮车站连通

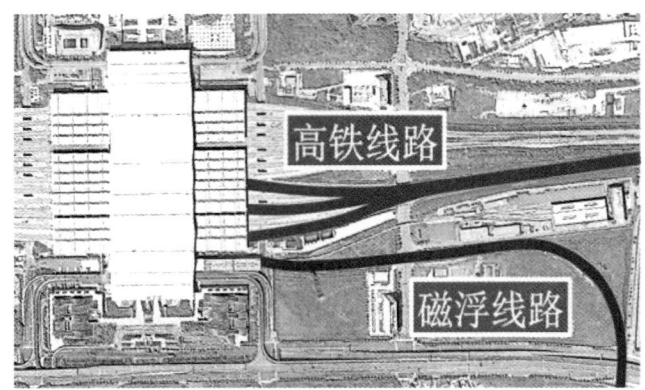

(b)高铁线路与磁浮线路融合

图 4.8　长沙磁浮快线与高铁路网融合

4.6　经济性

经济性（Economy）包括磁浮高铁系统的直接经济性和间接经济性。因此，磁浮高铁系统的经济性特征，可以从直接经济性和间接经济性来说明。其中磁浮高铁系统的直接建设开发费用，主要包括 3 个方面，即建设成本、运行成本、设备制造成本。而磁浮高铁系统的间接经济效益是建设高速的移动系统首先可创造大量的时间经济价值，包括磁浮列车是节能、环境负荷小的交通工具，其能耗（km/人）约为汽车的 1/7，飞机的 1/4，CO_2 排放量（人/km）约为汽车的 1/10，飞机的 1/6 等。

（1）从直接经济性角度看，磁浮高铁系统的造价低：由于磁浮列车没有车轮、齿轮、链条等传动装置，在运行过程中没有机械摩擦阻力，避免了机械磨损，维修工作量比传统铁路少，综合能耗略小于轮轨列车，如图 4.9 所示。

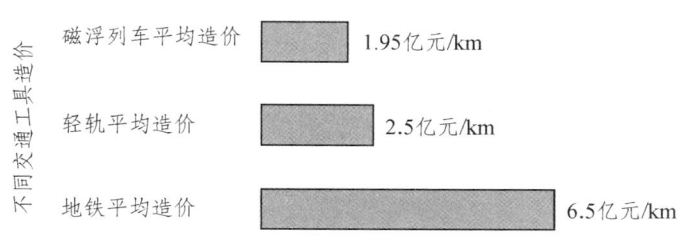

图 4.9 磁浮列车经济优势

（2）从间接经济性的角度看，磁浮高铁系统的经济影响深远：高速磁悬浮作为既环保，又快速，同时又节能的新的交通工具，它的出现，正好满足了人们日益加快的生活节奏的需求，它带来的经济影响也是巨大的。随着经济的发展，大城市间长距离的客运量将迅速增长。因此，500 km/h 的磁浮列车比 300 km/h 的高速轮轨列车在与民航竞争中具有更显著的优越性。高速磁浮的投资和运营成本与高速轮轨相差不多，一旦其运营成熟性经证实后，其更高速的优越性必然会使它成为优先选取的方案。高速磁浮将大大拉近各都市圈间的距离，也会促进全球一体化，如图 4.10。

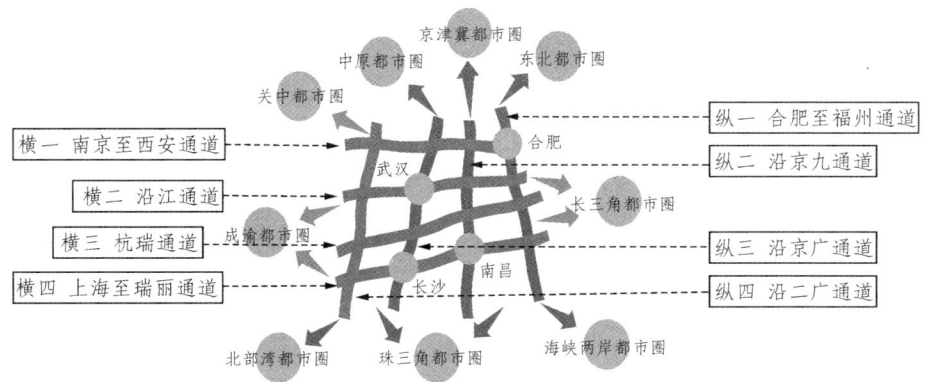

图 4.10 磁浮高铁形成了都市圈

4.7 战略性

战略性（Strategy）就是从国家层面探讨磁浮高铁发展的可行性。目前对于高速磁浮系统而言，各国更为优先考虑的是其战略意义，然后才是经济意义。首先，这种高速磁浮系统的战略意义就是保持各国在大陆型高速化、大运量化、可组织化交通系统上的世界领先地位；其次，磁悬浮交通的价值不仅仅是通过磁悬浮交通系统本身来体现，它的战略意义还在于通过磁悬浮技术的研发带动国家基础工业和基础技术的发展；最后，高速磁浮体系的发展同样也将会带动起众多高新技术的前沿发展，这些高新技术本身又将反过来对新兴产业的形成和经济发展起到重要的带动作用。

从世界范围看，运行速度在 500 km/h 左右的高速、大客流量、长距离地面交通最适合于中国、美国、俄罗斯、印度、巴西等大国。因此，高速磁浮系统的发展，将在 21 世纪交通工具中占据领先地位，如图 4.11。

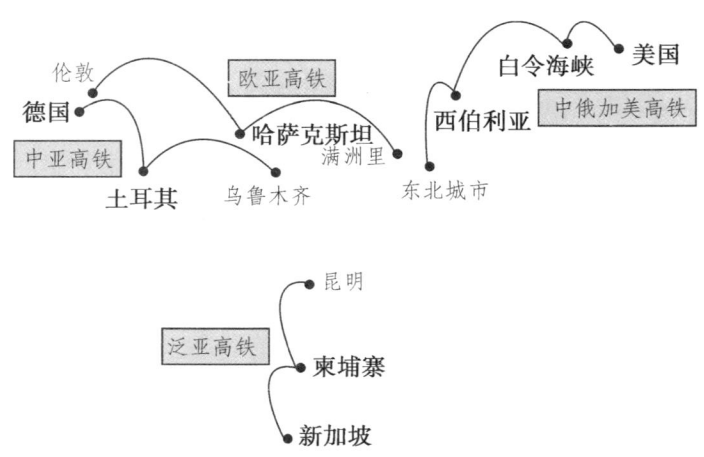

图 4.11 磁浮高铁促进区域一体化示意图

4.8 社会性

社会性（Society）就是磁浮高铁系统带来的社会效益问题。在磁浮高铁系统中，磁悬浮列车具有舒适、便捷、安全、经济的优势。对于居民的生活出行选择，磁浮高铁系统产生了重要社会影响。特别是随着经济发展水平提升，人们对出行安全性、舒适性的要求也越来越高，价格并非人们考虑的唯一因素。因此，磁悬浮列车对于人们生活出行的社会影响主要表现在几个方面：

（1）**磁浮高铁系统增加居民出行频次**：磁浮交通作为连接城市圈的交通方式之一，在区域经济发展中，起着重要的拉动和协调作用。在磁悬浮交通开通后，经济会保持稳定增长，增加了居民的出行频次，拉动了区域内居民交往需求。

（2）**磁浮高铁系统满足节能出行要求**：磁浮高铁与其他方式（高速公路、航空、轮轨高铁等）相比，磁浮列车在占地上具有显著优势。在磁浮高铁系统中，磁悬浮线路比起铁路客运专线、四车道公路等占地面积更少，因此发展磁悬浮列车也是建设集约型、环境友好型社会的重要选择。

（3）**磁浮高铁系统满足环保出行要求**：人们的节能环保意识越来越高。一方面，相较于地铁、城际铁路，磁悬浮的乘坐舒适度更高，噪声小、舒适性高，没有列车和轨道之间的接触，不会出现摩擦声，震动很小；另一方面，相较于私家车，磁悬浮列车的污染小，达到节能环保目的。而且在磁浮高铁系统中，磁悬浮列车的票价约为 0.5 元/km，虽然稍高于地铁、公共汽车等交通工具，但是其舒适度更高。

4.9 小　结

在磁浮高铁系统中，磁悬浮列车的种种优势，为人们的出行提供了极大的便利，也解决了人们关注的"出行安全""交通可靠性""准时准点""座椅舒适""交通便利"等问题。特别是磁悬浮列车相较于传统的轮轨列

磁浮高铁简史

车有很大的优势,其中包括更高的安全水平、更好的环保水平、更低的运营能耗、更高的运行可靠性、更低的运营成本等。除此之外,大力发展高速磁浮运营系统也有重要的社会性和战略性意义。未来磁浮列车车站与高铁路网的融合发展将大大提高城镇与地区之间的联通效率,人们的出行水平也将大幅提高。

在磁浮高铁系统中,磁浮高铁列车不同于传统的轮轨列车,它是一种新型的轨道交通模式。这样一方面,由于磁浮列车与轨道之间无直接机械接触,不受传统轮轨系统黏着极限的限制;另一方面,由于磁浮列车在铁轨上方悬浮运行,铁轨与车辆不接触,不但运行速度非常快,而且无污染、不会排出有害的废气,有利于环境保护。因此,磁浮高铁系统具有振动小、噪声低、加速快、线路适应性强等技术优势,相信不久的将来,它将受到全世界越来越多人的喜欢。

第 5 章　磁浮铁路的发展历程

科技在发展、社会在进步，交通工具也推陈出新。20 世纪以来，世界上诞生了超过 100 项的新概念交通系统，其中有数十项得到了发展、试验和应用。磁浮高铁作为一项新兴交通系统尤为受到关注，而且磁浮高铁的发展也为地面高速有轨交通开辟了新的领域。目前，德国、日本、中国、美国、韩国、加拿大等国家都进行了磁浮系统的开发研究。最典型的磁浮高铁系统是德国磁浮系统，如图 5.1 所示。

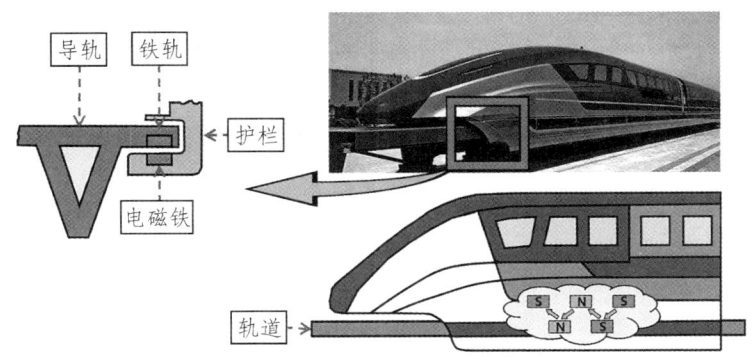

图 5.1　德国磁浮高铁系统

5.1　美国磁浮铁路的发展历程

从 20 世纪 60 年代，美国开始磁悬浮铁路的研究。美国政府不但积极支持和推动磁浮技术研究，而且 1965 年颁布了《高速地面运输法案》，该法案批准政府向高速地面运输研究项目提供资金资助（包括磁浮技术研究项目）。美国科研工作者从事各种各样的磁浮技术理论研究和实验，率先提出超导磁浮的概念和相应的系统构想。美国政府1989年起，开始评估磁悬浮列车的实用价值，选取了4个磁悬浮列车设计速度均为500 km/h的方案，其中有3个方案为电动型磁浮高铁。20世纪90年代末，美国通过了《21世纪运输权益法案》，分别从高速和中低速两个方面设立相应的磁浮发展计划，在此计划的支持下，美国磁浮列车技术迅速发展，出现了多种磁浮技术创新方案。

针对美国交通需求，联邦交通部定义了磁浮在交通体系中的地位："磁浮高铁应是一种城市间安全可靠运输系统，是现有系统的补充。在160～960 km的行程范围内，磁浮在旅行时间、运输成本、可靠性和舒适性方面应具有竞争力。磁浮交通系统应是清洁的、能源利用率高。它不仅能高效率地运送旅客，而且具有货运能力。"这一定义也是美国联邦交通部对磁浮技术可行性和适用性的标准。美国在低速磁浮系统创新发展中，将城市磁浮项目（Urban Maglev Program，UMP）列入21世纪发展计划，主要支持用于市内交通的中低速磁浮交通技术的研究与发展。主要成果包括：Maglev2000公司采用超导EDS技术的M-2000磁浮列车、General Atomics公司的永磁EDS磁浮列车Inductrack、MagneMotion公司的电磁永磁混合悬浮的磁浮列车、AMT的磁浮系统等。

（1）M-2000磁浮系统（M-2000 Maglev System）：Gordon Danby和James Powell在他们早期提出的超导磁浮系统的基础上，开发了超导Maglev-2000系统。并且佛罗里达Maglev2000公司开发了M-2000系统，车辆采用超导四极磁铁，能够在300 mph（约483 km/h）的速度下完成电子换道，即窄束轨道与平面轨道之间的平滑过渡，具有高性能低成本的特点。M-2000系统设计概念，如图5.2所示。

图 5.2　M-2000 磁浮系统概念图

（2）城市磁浮系统（City Maglev System，CMS）：Magne Motion 的磁浮项目采用公司的专有技术，用永磁悬挂结构和线性同步电机推进。2008 年，Magne Motion 公司宣布获得美国联邦交通管理局 630 万美元，目标是开发速度 100 mph（约 161km/h）的城市磁浮交通系统。城市磁浮系统已在马萨诸塞州丹弗斯克莱斯特（Devens,MA）进行了室内测试（12 m 长轨道），并在奥多明尼昂大学（Old Dominion University）长距离（78 m）的室外轨道上进行测试。城市磁浮系统悬浮导向及牵引功能模块的结构设计，如图 5.3。

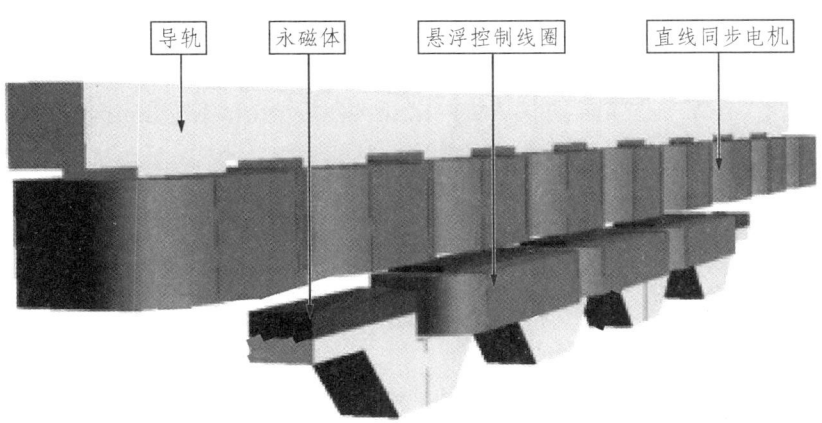

图 5.3　城市磁浮系统悬浮导向及牵引功能模块

(3)Inductrack 磁浮系统(Inductrack Maglev System,IMS):美国劳伦斯利弗莫尔国家实验室(Lawrence Livermore National Laboratory,简称 LLNL)提出的 Inductrack 磁浮系统是一种被动 EDS 系统,采用 Halbach 永磁阵列产生悬浮和推进动力。2002 年 10 月,General Atomics 公司在加州开始建造 120 m 试验线路,于 2004 年 9 月建成,并进行各种测试,包括电气设备和动力性能(推进和悬浮等)。自 1999 年至今,LLNL 共研发了 3 种 Inductrack 系统,Inductrack III 更适用于重型货物的运输。图 5.4 为 LLNL 研发的 Inductrack 验证车模型。

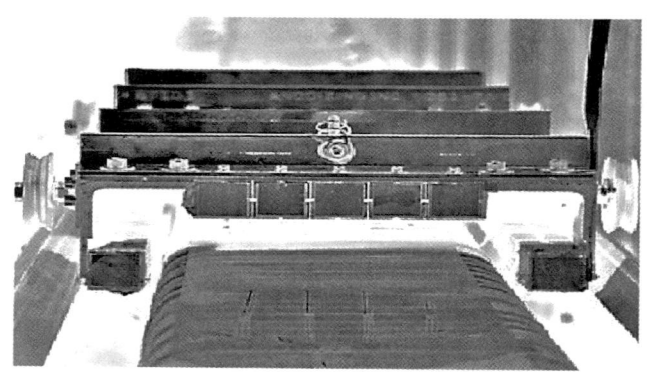

图 5.4　Inductrack 验证车模型

(4)AMT 磁浮系统(AMT Maglev System):American Maglev Technology(简称 AMT)公司将磁铁和控制装置设置在轻量车辆中,并开发了更为简单的导轨。AMT 磁浮系统类似于日本 HSST,采用电磁 EMS 悬浮和直线感应电机 LIM 推进,列车运行速度超过 35 mph(约 56.35 km/h)。图 5.5 为 AMT-ODU 悬浮导向和牵引系统的结构设计。

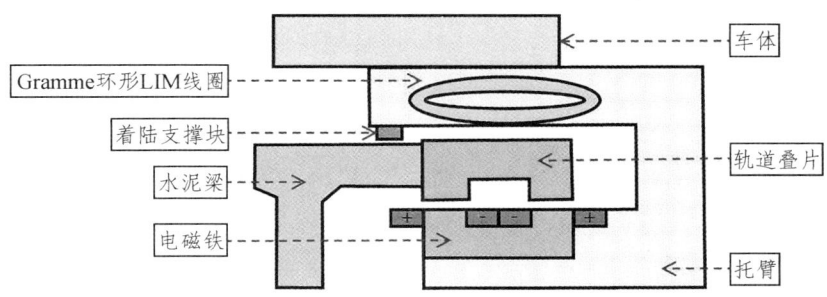

图 5.5 AMT-ODU 悬浮导向和牵引系统结构示意图

（5）SkyTran 空中磁浮系统（SkyTran Maglev System）：SkyTran 系统是一种高速、低成本的个人快速交通（Personal Rapid Transit，PRT）系统，其目的是实现一种革命性的公共交通方式。乘客可通过智能手机来预定 SkyTran，SkyTran 会到一个特定的点接乘客上车并将其直接送到目的地。SkyTran 最快可达到 70 km/h，而且未来商用版的悬浮汽车最快速度可达 240 km/h。图 5.6 为 SkyTran 空中磁浮的概念设计。

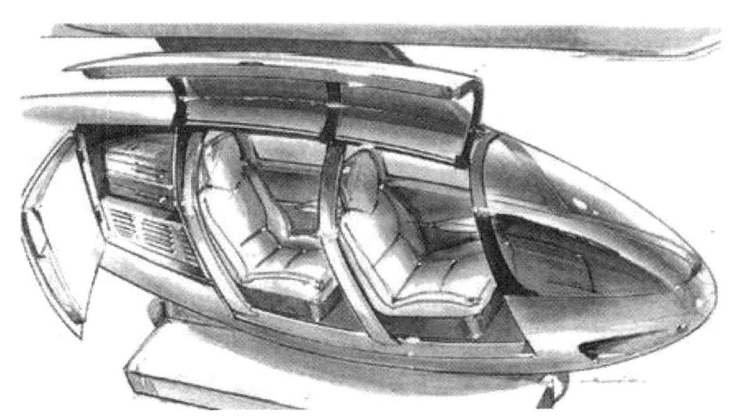

图 5.6 SkyTran 空中磁浮概念图

（6）永磁 Magplane 系统（Permanent Magnet Magplane System，PMMS）：Magplane 的悬浮电磁铁和驱动电磁铁皆为永磁体，间隙可达 5～15 cm。在悬浮和导向上使用了 20 mm 厚的弧形铝板轨道，这种结构具有高速转弯的优点。Magplane 磁浮飞机研发转向 Magpipe 磁浮管道运输系统，Magplane 磁浮飞机如同无机翼的飞机，安静地飞翔在槽型铝金属导轨道之上。Magplane 采用永磁电动悬浮、直线同步电机驱动、电磁道岔等组件。方案包括两种类型，其中有速度在 500 km/h 左右的高速方案（超导方案），也有速度约在 250 km/h 的准高速方案（永磁方案）。Magplane 磁浮系统，如图 5.7 所示。

图 5.7　Magplane

（7）真空管道磁悬浮系统（Vacuum Tube Maglev Interstellar System，VTMIS）：美国的磁浮技术发展方向比较灵活，且民间研发热情高涨。历史上曾创新发展了多种技术方案，尤其以真空管道磁悬浮列车（也称"超级高铁"系统，Super-Speed Railway，SSR）系统的探索最引人注目，如图 5.8 所示。特别是美国超级高铁列车运输技术（Hyperloop Transportation Technologies，HTT）公司与劳伦斯利弗莫尔国家实验室签署了一项协议，进行超级高铁的磁悬浮技术研发。传统磁悬浮系统需要提供稳定的电力支持，这就增加了超高速列车的运行成本和复杂性。相比之下，超级高铁的磁悬浮技术成本要低得多，也更容易维护。很多国家都在考虑引入和研制超级高铁，如俄罗斯、印度、中东等国。

图 5.8　超级高铁概念图

5.2　德国磁浮铁路的发展历程

德国一直在进行磁浮铁路研究，而且研究成果也在世界前列。1922年，德国人赫尔曼·肯佩尔提出了电磁浮原理，并在 1934 年获得了世界上第一项有关磁悬浮技术的专利。然而，受限于当时的技术以及工艺条件，德国对于磁浮交通的研究进展不是很顺利。1969 年，德国政府参与了"高运力快速铁路"的研究，其中就涉及了磁浮高速铁路。在此基础上，在德国联邦政府的资助下，工业界开始了磁浮铁路的开发工作。德国磁浮铁路原理，如图 5.9。

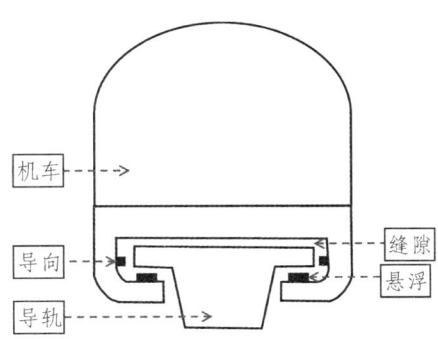

图 5.9　德国磁浮高铁技术

德国自 1969 年开始磁浮列车相关研究后，于 1977 年决定集中力量发展高速常导交通系统。德国已完成多个 Transrapid（TR）型号磁浮列车的开发（如 TR01、TR02、TR03、TR04、TR05、TR06、TR07、TR08、TR09 等），其中，TR08 车型应用在上海高速磁浮交通示范线上，而 TR09 型磁浮列车为现在正在研发的磁浮列车。

1. 德国磁浮列车的发展

（1）磁浮列车 TR01、TR02：1969 年，德国政府发起了一项关于全尺寸磁浮模型设计的研究项目，第一辆磁浮模型车被命名为 Transrapid01，由位于慕尼黑的一家叫作克劳斯-马菲公司（Krauss-Maffei）的德国公司建造。Transrapid 示范车首次向世界表明磁浮技术用于承载和运输大规模旅客的可行性。

1971 年 10 月，Krauss-Maffei 公司开发了 Transrapid02，列车采用组合支承和导向系统，同样采用短定子直线电机驱动，运行速度提高到了 164 km/h。1974 年，Krauss-Maffei 与 MBB 为合作展开磁浮列车系统的深入研究，在慕尼黑成立了 Transrapid EMS 合资公司。磁浮列车 Transrapid02，如图 5.10 所示。

图 5.10　1971 年 MBB 示范车

（2）磁浮列车 TR03、TR04：德国 1972 年和 1973 年，分别完成了磁浮列车 TR03 和 TR04 的建造。磁浮列车 TR04 在 1973 年 12 月创造了载人 157 mph（约 253 km/h）的时速纪录，如图 5.11（a）所示。1975 年，MBB 公司开始试验磁浮 Komet 部件测试车，其支承和导向系统相互独立。磁浮

Komet 测试车无人驾驶,依靠电磁力支承和导向,主要用于测试车辆部件的性能。同年,Krauss-Maffei 公司开发了 Transrapid04,列车采用组合的支承和导向系统,速度超过 250 km/h,如图 5.11(b)所示。

(a)Komet 测试车——TR03

(b)1973 年 TR04

图 5.11 德国磁浮列车——TR03、TR04

(3)**磁浮列车 TR05**:1979 年,由德国克劳斯-马菲公司(KM)、梅塞施密特-伯尔考-布洛姆公司(MBB)、蒂森-海斯彻公司(Thyssen-Henschel)等合作组成技术攻关团队,开发出了磁浮列车 TR05。如图 5.12 为汉堡国际交通博览会 TR05 磁浮示范线。

图 5.12　汉堡国际交通博览会磁浮示范线——TR05

（4）**磁浮列车 TR06**：1979 年至 1987 年，磁浮列车 TR 试验设施（Test Vechicle Establishment，TVE）建成。磁浮列车 TR06 在 TVE 上进行了测试，最高速度 256 mph（约 412 km/h），并于 1990 年运行 4 万英里后退役。德国磁浮列车 TR06，如图 5.13 所示。

图 5.13　Transrapid 磁浮试验车——TR06

（5）**磁浮列车 TR07**：1990 年左右，磁浮列车 TR07 由位于卡塞尔的蒂森公司建造，达到 280 mph（436 km/h）的速度纪录。德国磁浮列车 TR07，如图 5.14 所示。

第 5 章 磁浮铁路的发展历程

图 5.14　埃姆斯兰试验线——TR07

（6）磁浮列车 TR08：1998 年，阿迪全斯（Adtranz）、西门子（Siemens）和蒂森（Thyssen）等成立合资公司——磁悬浮高速列车国际公司（Transrapid International），并于 1999 年 8 月交付 TR08 原型车辆。德国磁浮列车 TR08，如图 5.15 所示。

图 5.15　上海高速磁浮交通示范线——TR08

（7）磁浮列车 TR09：2008 年 7 月至 2009 年 6 月，德国在 TVE 试验线上对新型磁浮列车 TR09 进行测试，最高速度 550 km/h。德国磁浮列车 TR09，如图 5.16 所示。

（a）外观图

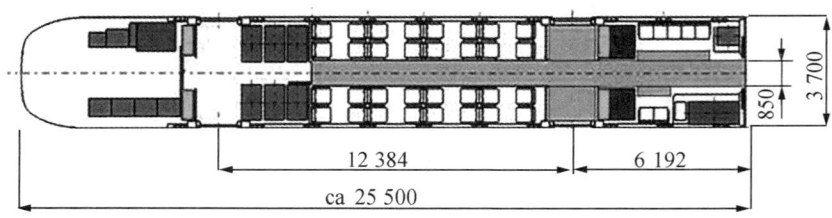

（b）内部结构

图 5.16　新型磁浮列车——TR09

2. 德国磁浮系统的发展态势

1997 年 4 月，德国决定在柏林和汉堡之间建一条全长 292 km 的磁浮线，原计划 1998 年下半年动工，2005 年投入商业运行。为此开发了拟用于柏林至汉堡线的 TR08 型磁浮列车。并且 TR08 型磁浮列车于 1999 年 10 月开始在 TVE 上进行试验。后来由于新的预测表明建设新线将面临亏损的危险，遂于 2000 年 2 月取消建设计划。2000 年 6 月，中国上海市与德国磁浮国际公司合作进行中国高速磁浮列车示范运营线可行性研究。2001 年 3 月正式开工建设，于 2004 年 1 月投入商业运营（采用 TR08 车型），如图 5.15 所示。

德国掌握常导电电磁型高速磁悬浮轨道交通技术,所研发的 Transrapid 是世界上首次进入技术应用成熟阶段的磁浮高速铁路系统,磁浮列车 TR 车型从 TR01 优化到 TR09,最高试验速度达到 550 km/h。然而由于技术、经济、政治的原因,德国国内规划的高速磁悬浮线路数次搁浅。但德国政府对高速磁浮列车技术的支持体现在多方面。特别是德国政府通过分析研究决定技术发展方向,通过设立研究项目、建立试验线等为相关技术研发提供了大量资金支持,并制定相关法规和修建计划以此推动磁浮列车走向实际应用。

5.3 日本磁浮铁路的发展历程

日本是世界第一个建成实用型高速铁路的国家。1964 年 10 月 1 日,日本东海道新干线正式通车,全长 515.4 km,运营速度达到 210 km/h,这标志着世界高速铁路新纪元的到来。从此之后,日本新干线不断提速,并且在相当长的一段时期内世界上都只有日本一个国家拥有高铁线。

日本的磁悬浮技术也起步很早,从 1962 年开始磁悬浮交通技术的研究,与德国几乎同一时期开展磁浮交通的研究。不同于德国的吸引式磁浮技术,随着超导技术的迅速发展,日本于 20 世纪 70 年代初选择了与德国不同的超导磁浮技术路线,并利用排斥式磁浮方案设计磁浮车辆以及其运行导轨,并陆续研发了 ML(Maglev Linear,ML)系列以及在 MLX 基础上开发的 L0 车型。这种排斥式磁浮技术需先使用橡胶轮胎将车体加速到 100 km/h 以上,之后车体才会在磁浮作用下漂浮起来。这种双重悬浮设计十分复杂,但试验证明了其可行性。如图 5.17 所示。

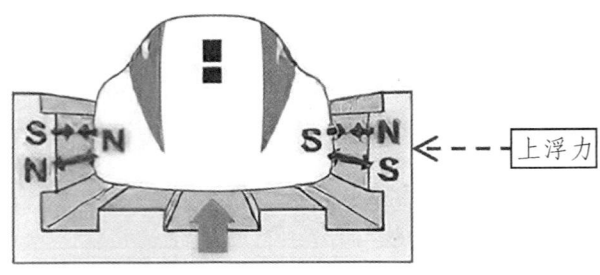

（a）上浮力

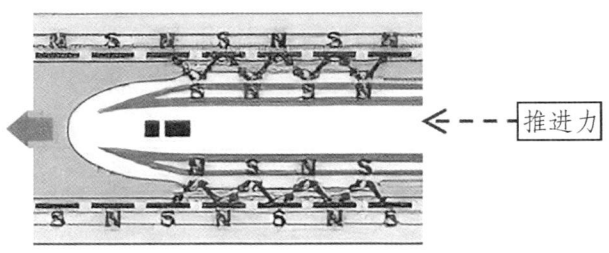

（b）推进力

图 5.17 日本磁浮系统

（1）日本中低速磁浮线——东部丘陵线：2005 年 3 月，日本爱知县的世界首条中低速磁浮线路——东部丘陵线（Linimo 线）开通运营。Linimo 线起自名古屋市名东区藤丘，终至丰田市八草町，共有 9 座车站，全长 9.2 km，为双线。该线自藤丘站起有 1.4 km 的地下线，之后均为高架线路。Linimo 线采用 HSST 系统，最高速度约 100 km/h，自 2005 年投入运营至今已取得了优良的运营业绩。日本东部丘陵线（Linimo 线），如图 5.18 所示。

图 5.18　日本中低速磁浮线——Linimo 线

（2）**磁浮列车 MLU001**：日本自 1970 年开始超导磁浮的研究。1972年，日本国有铁路（Japanese National Railways，JNR）开发研制了 ML100 常导磁浮列实验车，在 480 m 长的试验线路上达到了 60 km/h 的速度。之后经过广泛深入的研究，日本决定高速磁浮铁路采用超导、直线同步电机驱动、磁斥式电动悬浮系统，并在其后的研究中一直采用这种方式。1980年，JNR 开发了 MLU001（Meglev Linear Urban，MLU）试验车。如图 5.19 所示。

图 5.19　初代 U 形 MLU001 试验样车

（3）**磁浮列车 MLU002**：1987 年，日本铁路综合技术研究所（Railway Technical Reseach Institute，RTRI）推出了试验车 MLU002。它采用了弹性联结的超导磁铁（Superconducting Magnet）转向架和集成的悬浮、导向和推进的边墙结构，并且最终在宫崎试验线上成功完成了侧向通过道岔试验，如图 5.20 所示。

图 5.20　U 形 MLU002 试验样车

（4）**磁浮列车 ML500**：1977 年 12 月，日本在南部九州建成了长达 7 km 的超导磁悬浮车宫崎试验线，最高试验速度达到了 204 km/h。1979 年，ML500 试验车在宫崎试验线创造了不载人运行 517 km/h 的纪录。日本宫崎试验线轨道采用倒 T 形结构，如图 5.21 所示。后因倒 T 形轨道使磁浮客车内部空间利用率不高，宫崎试验线轨道改造为 U 形结构线路。

图 5.21　T 形 ML500 试验样车

（5）**磁浮列车 HSST-100**：日本航空公司（Japan Air Linear，JAL）自 1972 年以来一直致力于中低速常导磁浮列车 HSST（High Speed Surface Transport，HSST）的研究，希望用于机场到市区的快速轨道交通，已经有了 HSST-01、HSST-02、HSST-03、HSST-04、HSST-05 等。1975 年，日本航空研制成功了 HSST-01 型磁浮试验车辆。1986 年，在温哥华交通博览会上有 47 万人试乘了 HSST-03 试验车辆。1989 年，研制成功 HSST-05 试验车辆，最高运行速度 110 km/h。1991 年，日本建成大约 1.5 km 的试验线，开始 HSST-100 运行试验，其设计车速为 110 km/h，最大爬坡度为 70‰。比较典型的试验车辆还有 HSST-100S 和 HSST-100L。

磁浮列车 HSST-100S：采用较短的车辆，车辆长度为 8 500 mm，宽度为 2 600 mm，高度为 3 300 mm，高峰载客量约 67 人，最小曲线半径为 25 m。如图 5.22。

磁浮列车 HSST-100L：采用较长的车辆，车辆长度为 14 000 mm（中间车为 13 500 mm），宽度为 2 600 mm，高度为 3 300 mm，高峰载客量约 118 人（中间车约 129 人），最小曲线半径为 50 m。

图 5.22　HSST-100S 试验车

（6）磁浮列车 MLX01：日本在常导磁吸式悬浮和超导磁斥式悬浮方面都有深入的研究。1962 年，日本开始常导磁浮技术研究。1970 年，开始超导磁浮技术研究。1972 年，日本首次成功进行 2.2 吨重的超导磁浮列车试验，测试列车在 480 m 长的试验线路上达到了 60 km/h 的运行速度。2003 年 12 月 2 日，日本研发的 MLX01-2 高速列车创造了速度 581 km/h 的世界列车最高速度纪录。如图 5.23。

（a）MLX01 型

（b）MLX02 型

图 5.23　MLX0 型系列磁悬浮列车

（7）**磁浮列车 L0**：2012 年，日本 JR 东海铁路公司公布了 L0 系列磁悬浮列车［"L"代表 Linear（磁悬浮），"0"则表示像 0 系列新干线一样的第一代列车］原型，设计拉动 16 个车厢，每列可承载 1 000 名旅客。L0 型列车正式运营最高速度 505 km/h，首尾两车额定载员 24 人，中间列车额定载员 68 人。L0 型列车首尾两车拥有长达 15 m 的流线型车鼻，可以大大降低列车高速运行时的空气阻力。2015 年，L0 型列车以 590 km/h 的最快速度打破了 2003 年由 MLX01 型列车创造的 581 km/h 的世界高速列车纪录；2015 年 4 月 21 日，再次以 603 km/h 的速度刷新了自己创造的世界高速列车纪录。

日本高速磁浮和中低速常导磁浮列车的研究均始于 20 世纪 70 年代初期。高速磁浮选择了超导磁浮，并确定了磁浮中央新干线计划，持续研发了 ML、MLU、MLX 系列以及在 MLX 基础上开发的 L0 车型。L0 是在 MLX01 的基础上研发的，于 2013 年 6 月通过了初步测试。

日本在磁浮交通的发展战略上一直很清晰，致力于将其打造成国家名片，并且持续不断投入研发和试验。日本规划建设了国内的高速磁浮线路——中央新干线。同时，日本也将磁浮交通视为高速铁路海外扩张的重要组成部分，瞄准美国作为目标市场积极推动技术出口。

5.4 中国磁浮铁路的发展历程

为了掌握磁悬浮技术,研制开发磁悬浮列车这一新型高效的交通工具,我国在 20 世纪 80 年代初期就开始了磁悬浮列车的相关研究。出于实际情况考虑,我国磁悬浮列车主要研究常导型技术。目前,我国磁悬浮列车技术开发主要集中在中低速常导磁浮技术上,高速与超高速磁浮列车技术研究较少。我国先后于 2014 年和 2017 年开通了长沙和北京的中低速磁浮线路运营,目前正在开展速度 200 km/h 中速磁浮关键技术攻关,如图 5.24 所示;在磁浮高速方面,我国建设了上海高速磁悬浮交通示范运营线,并正在研制 600 km/h 以上的高速磁浮运输工程化系统。

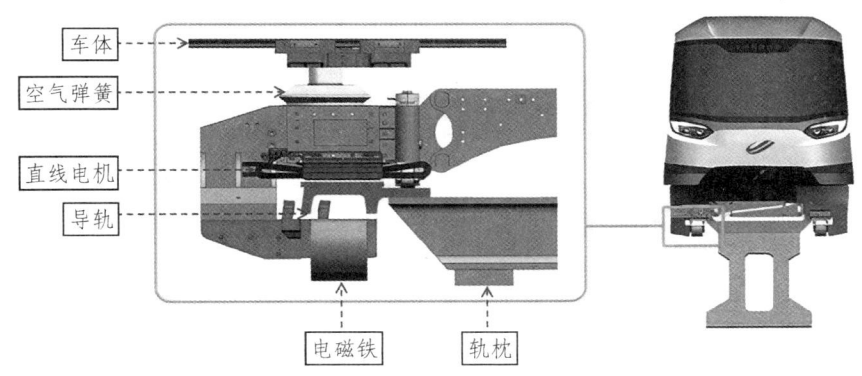

图 5.24 长沙磁浮系统工作原理

(1) **磁浮试验列车**:1986 年,国防科技大学开始展开对磁浮列车的原理性研究。1989 年,国防科技大学成功研制出我国第一台磁悬浮列车实验样车,如图 5.25(a)所示。1994 年,西南交通大学研制成功了中国第一辆可载人常导低速磁浮列车,但是在完全理想的实验室条件下运行成功的,如图 5.25(b)所示。2000 年以来,以中车株机公司和中车唐山公司为代表的磁浮车辆总成厂,以株洲电力机车研究所为代表的磁浮交通牵引和供电等核心电气设备制造单位都在开展研究。

（a）磁悬浮列车实验样车

（b）可载人常导低速磁浮列车

图 5.25　磁浮试验列车

（2）磁浮列车"中华 01 号"：2004 年 10 月 22 日，大连磁谷科技研究所有限公司研制出我国首辆拥有自主知识产权的磁悬浮样车"中华 01 号"。该磁悬浮技术试验车车长 10.3 m，宽 3.12 m，高 2.86 m，设计载客 32 人，最高速度 110 km/h，是专为城市公交运输设计的低速磁悬浮列车，如图 5.26 所示。

图 5.26　"中华 01 号"磁悬浮技术试验车

(3)磁浮列车"中华02号":2005年5月,继"中华01号"磁悬浮技术试验车(低速)成功运行后,大连磁谷科技公司成功研制出我国首辆拥有完全自主知识产权的"中华02号"轻型吊轨磁悬浮试验车。该车设计速度400 km/h,结构受力简单,节省材料,减轻了轨道和车体的重量,便于高速运行,大大地降低了运行成本,如图5.27所示。

图5.27 "中华02号"磁悬浮技术试验车

(4)长沙中低速磁浮系统:长沙磁浮快线(Changsha Maglev Express Line),是服务于湖南省长沙市的一条城市轨道交通线路。2016年5月6日,长沙磁浮快线正式载客运营,成为我国首条具有完全自主知识产权和实现国产化的中低速磁浮商业运营线,标志着我国已全面掌握中低速磁浮研发、制造、建设及运营的成套技术,如图5.28所示。

图5.28 长沙磁浮系统

2014年5月16日,长沙磁浮快线正式开工建设。2015年12月26日,长沙磁浮快线开始试运行。2016年5月6日,长沙磁浮快线开始载客试运营。长沙磁浮快线起于磁浮高铁站,途经长沙市雨花区和长沙县,连接长沙南站和长沙黄花国际机场，止于磁浮机场站。长沙磁浮线路呈东西走向，如图 5.29 所示。

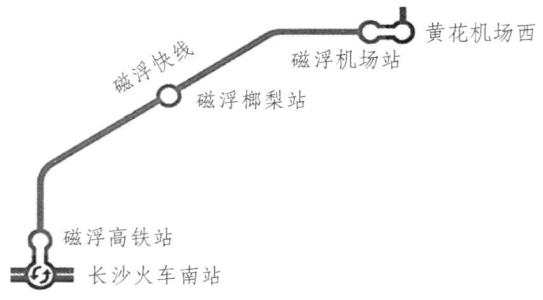

图 5.29　长沙磁浮快线线路图

长沙磁浮快线采用中低速磁浮列车、常导电磁铁悬浮、直线感应电机牵引等技术，设计最高速度为 100 km/h。运用"同极相斥、异极相吸"的电磁原理，每节车底部安装 20 组电磁铁、20 个悬浮稳定器，以保证与 F 轨之间保持 8 mm 稳定间隙，以电磁力支撑列车并推动前行。

（5）北京中低速磁浮系统：2017 年 12 月 30 日，北京 S1 线开通运营，成为我国第二条磁浮交通线。同时，北京磁浮交通发展有限公司也成为国内首个集自主知识产权、国产化技术研发、工程化应用、车辆制造、服务体系为一体的中低速磁浮产业化企业，如图 5.30 所示。

图 5.30　北京磁浮快线

(6)**高速磁浮试验样车**：2019年5月23日，我国速度600 km/h的高速磁浮试验样车在青岛下线，这标志着我国在高速磁浮技术领域实现重大突破，模拟图如图5.31所示。经过多年的技术攻关，我国攻克磁浮列车超高速工况下车体轻量化、强度、刚度、噪声等系列难题，开发出轻质高强度的新一代车体，也突破高速下流固耦合复杂作用的制约，解决了气动阻力、升力等问题。

图5.31 速度600 km/h的高速磁浮试验模拟样车

中国采用常导路线，主要是常导磁浮技术成熟。速度为600 km/h的高速磁浮试验样车与国外同类高速磁浮列车相比：悬浮能耗降低35%、电磁铁温升降低40 ℃、单位有效载荷车辆减重6%以上。运营性能方面：运营速度600 km/h，是飞机速度的2/3，安全性高，无振动，舒适性也好，且满足大容量客运需求。

2020年6月21日，由中车四方股份公司承担研制，最高试验速度高达600 km/h的高速磁浮试验样车在同济大学嘉定校区的磁浮试验线上成功试跑，如图5.32所示。在此次多工况的试验条件下，高速磁浮试验车辆的悬浮导向稳定，运行状态良好，并且各项关键技术指标都符合设计要求，总体上达到了设计预期。我国此次高速磁浮试验样车的成功试跑，实现了我国在高速磁浮列车系统中从静态到动态运行的突破，同时获取到了大量的关键数据，高速磁浮系统及核心部件的关键性能也得到了初步验证。

图 5.32　速度 600 km/h 的高速磁浮试验样车

为了实现磁浮车辆的国产化以及研发出具有自主知识产权的磁浮列车，我国在高速磁悬浮交通领域进行着相关研究：一方面，自主研发高速（500 km/h）磁浮交通系统的车辆悬浮导向与车载控制技术、牵引供电控制技术、运行控制技术和系统集成等核心技术；另一方面，建设磁浮列车高速试验运行环境（30 km 试验线）。

5.5　其他国家磁浮铁路的发展历程

高速磁浮已经从研发阶段发展到工程化、产业化阶段，各国的高速磁浮产业正呈现出蓬勃的生机，将成为全球高速磁浮产业和市场开拓的一支不可或缺的力量。因此，高速磁浮是战略性新兴产业制高点，不少国家都在研发自己的磁浮系统。目前，除了美国、日本、德国和中国等国家，世界上其他许多国家也在大力推进磁悬浮列车技术的研究，比如韩国、加拿大、瑞士等国家。

5.5.1　韩国磁浮铁路的发展历程

20 世纪 80 年代，韩国开始研究磁浮列车系统。1985 年，韩国现代精密加工公司完成第一辆技术论证车型 HML-01。1993 年，开发出全尺寸示范车 HML-03（High-speed Meglev Linear，HML）。2005 年 5 月，韩国机械材料学会在大田研究院大院内 1.3 km 线路上成功进行的磁悬浮列车试运行，最高速度为 110 km/h。2007 年，韩国确定在仁川机场候机厅和龙游站之间 6.1 km 的区间建设磁悬浮列车示范运营线。2012 年 11 月，由韩国政府、仁川市、仁川机场公社和现代铁路公司等建造的城市磁悬浮列车进行了试运行。这种列车没有车轮，由车辆下方"倒 U 字形"开口状的电磁石代替车轮作用，只要电磁石得到电力供应，列车就能悬浮在空中，在电磁力的作用下向前行走。列车悬浮在线路上方 8 mm 的地方运行，最高速度可达 110 km/h，如图 5.33 所示。

图 5.33　韩国仁川机场磁浮线

5.5.2　加拿大磁浮铁路的发展历程

20 世纪 70 年代末，加拿大三所大学联合组成磁浮研究小组建造了旋转试验台，用来对电动悬浮系统和无铁芯长定子直线同步电机进行试验。1979 年，加拿大研制了一台采用直线同步电机牵引的模型试验车。1980 年，加拿大曾在 EDS 技术领域里制定周密且接近于使用程度的车辆研制规划，分析了全长 592 km、速度 450 km/h 的"多伦多—渥太华—蒙特利尔"磁浮线的可能性。2012 年，加拿大 Magnovate 公司试图将其专有的磁悬浮运输方案 Magline 投入商业化运营，如图 5.34 所示。

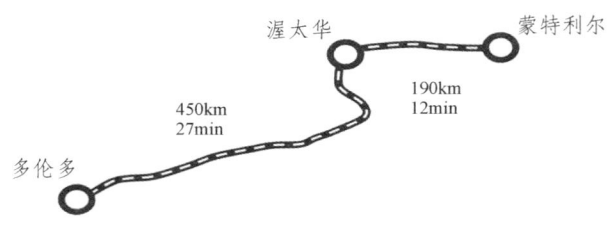

图 5.34　多伦多—渥太华—蒙特利尔线规划预期

2013年，马斯克提出真空管道磁浮概念后，一家 Hyperloop One 公司努力将这个概念商业化，它在全球呼吁人们竞争提案，把这个高效网络落实到现实生活中。2017年9月，Hyperloop One 公司公布了10个获选提案，由 Hyper Can 团队提出的"多伦多—渥太华—蒙特利尔"路线是唯一的最佳方案。该提案称用 Hyperloop 从多伦多到渥太华只要 27 min，从渥太华到蒙特利尔只需 12 min，而目前开车从多伦多到蒙特利尔至少要 6 h。未来 Hyperloop One 将与 Hyper Can 团队合作进一步验证分析，并为交通路线和走廊提供初步客流预测、制作业务案例和初步技术分析。

5.5.3　瑞士磁浮铁路的发展历程

20世纪70年代，瑞士提出 Swissmetro（瑞士地铁）的概念。瑞士地铁是一地下管道旅客运输系统，高速高频地联结瑞士主要城市和地区，并进一步联结到欧洲主要城市。地下 50～100 m 处为 2 根分离的内径为 6.5 m 的单线管道，在管道内减小空气压力，隧道中每隔 15 km 将会安置一个气泵来维持这种接近真空的状态。车辆采用磁浮系统，由同步直线电机驱动，速度达到 600 km/h。1981年，该项目得到洛桑理工学院专家的支持并进行了初步可行性研究。1989年，联邦政府交通通信、能源部投入50万瑞士法郎进行初步研究。1992年，瑞士地铁公司成立，该公司的主要任务是筹备和实施"瑞士 21 世纪超高速地铁工程"，并进行实验室研究和进一步论证。如图 5.35 为瑞士磁浮地铁 Swissmetro 的概念结构设计。

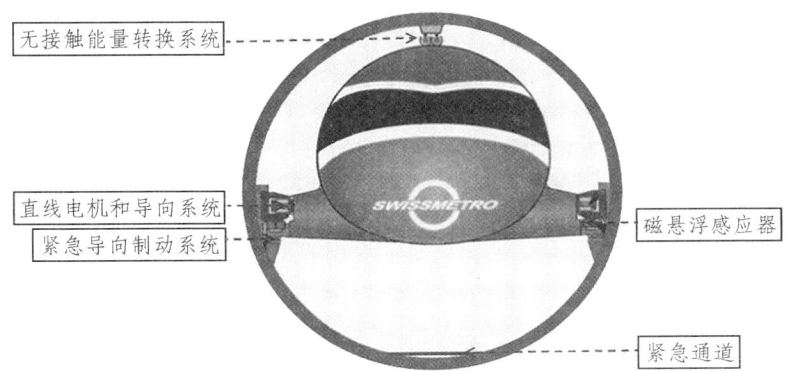

图 5.35　瑞士磁浮地铁 Swissmetro 概念结构

5.6　小　结

基于不同的国情，各国选择了不同交通方式来满足各国的发展战略、发展模式和技术路线。在磁浮高铁系统中，磁浮交通系统投入高、周期长、技术相对复杂，发展受到技术、经济、政治多种因素制约，同时需要面对传统轮轨交通、飞机等交通模式的竞争。因此，它在全球的发展都较为缓慢且充满不确定性。中国和日本坚定发展磁悬浮交通，中国拥有地理和人口上的天然优势，巨大的需求市场给磁浮交通发展带来广阔的发展前景。日本的主要目标是技术出口，希望以自己独特的超导磁悬浮高铁技术为突破口，抢占国际高铁建设市场制高点。

第 6 章　磁浮高铁的现状愿景

世界上对磁悬浮列车进行过研究的国家，主要有德国、日本、韩国、加拿大、美国、中国等国家。在过去 40 余年的高铁发展历程中，各国相应的磁浮线路试验和磁浮列车测试，都在不断地刷新磁浮高铁技术的新纪录，也不断改写着交通发展的历史。磁浮高铁的速度从 200 km/h 到 250 km/h、300 km/h、350 km/h、400 km/h、450 km/h、500 km/h、550 km/h、600 km/h……，目前已经超过 600 km/h。2015 年，日本磁浮高铁系统实验速度到了 603 km/h，日本磁浮高铁系统原理如图 6.1 所示。回顾历史，德国、日本和中国等国家都在不断为磁浮高铁的发展做出努力，也取得了好的成绩，磁浮铁路运营速度从 30 km/h 到了 600 km/h 以上。

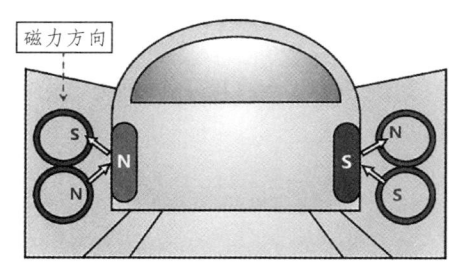
（a）德国磁浮高铁工作原理

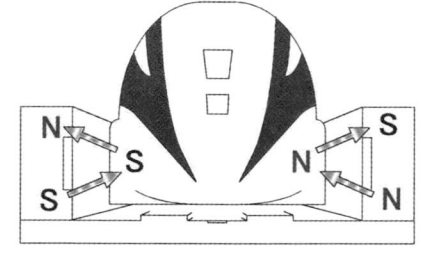
（b）日本磁浮高铁工作原理

图 6.1　德国、日本磁浮高铁工作原理简图

6.1 德国磁浮高铁系统

1970年，德国开始研发其自身的磁浮列车运输系统，他们的主要研究发展方向有两个：市内磁浮交通运输系统（即城运 Transurban）和城际高速磁浮交通运输系统（即运捷 Transrapid）。德国试图在一系列新的城际线路上推广磁浮列车技术，其中最大的一项计划是修建柏林—汉堡新线，其线路走向和车站位置都经过了详细的比选。2000年7月，该磁浮项目最终被放弃，柏林—汉堡的新线最终采用高速车辆技术。然而磁浮高铁的支持者们还在向德国联邦财政申请拨款，用以在其他地方修建磁浮线路，以此证明磁浮系统的作用。最终有两条线路被确定下来：一条位于慕尼黑，从城中心火车站到新近开张的机场，全长37 km；另一条是杜塞尔多夫到多特蒙德的"都市快速线路"，全长78 km。

1971年，德国第一辆磁浮列车在一段660 m长的试验线路上进行试验运行，磁浮列车采用车辆侧的短定子直线电机驱动。1975年，Thyssen Henschel 公司在卡塞尔（Kassel）的工厂中的 HMB1（High-speed Maglev Bus，HMB）号试验线上，率先实现了线路侧长定子直线同步电机驱动的磁浮车运行。1976年，Thyssen Henschel 公司在 HMB2 试验线进行载人长定子车试验。1978年，德国政府决定在埃姆斯兰德修建一条磁浮试验线。1980年，埃姆斯兰德的磁浮试验线正式开工，工程包括21.5 km长的试验线路、试验中心和试验车 TR06，该线路于1982年开始进行不载人试验，并于1983年6月30日投入试验运行，同年底达到300 km/h。为提高试验速度，1984年决定扩建南环线，于1987年建成。至此 TVE 试验线总长达31.5 km，速度增至400 km/h。1993年，TR07型磁浮列车在 TVE 试验达到450 km/h。

1997年4月，德国决定在柏林和汉堡之间建一条全长292 km 的磁浮线，原计划1998年下半年动工，2005年投入商业运行。后来由于新的预测表明建设新线将面临亏损的危险，遂于2000年2月取消建设计划。2000年6月，中国上海市与德国磁浮国际公司合作进行中国高速磁浮列车示范运营线可行性研究。2001 年 3 月正式开工建设，于 2004 年 1 月投入商业运营（采用 TR08 车型）。2008 年 7 月，在 TVE 试验线上开始 TR09 新型磁浮列车的测试。2009 年 6 月，TR09 磁浮列车测试完成，最高速度 550 km/h。

6.1.1 Transrapid 磁浮高铁系统

1971 年 5 月 6 日，世界上第一辆磁浮试验列车（Maglev Vehicle）——MBB 示范车在德国慕尼黑问世。MBB 示范车具有独立的支承系统和导向系统，并采用短定子直线电机进行驱动，其试验运行速度可以达到 90 km/h。德国研究人员将这一技术成果命名为"Transrapid"，以此来表示其良好的运载能力以及可观的高速行驶性能。

1. Transrapid 示范车

Transrapid 示范车首次向世界表明磁浮技术用于承载和运输大规模旅客的可行性。1971 年 10 月，Krauss-Maffei 公司开发了 Transrapid02，列车采用组合支承和导向系统，同样采用短定子直线电机驱动，运行速度提高到了 164 km/h。1974 年，Krauss-Maffei 与 MBB 为合作展开磁浮列车系统的深入研究，在慕尼黑成立了 TransrapidEMS 合资公司。1976 年，MBB 设计的磁浮 Komet 测试车在试验轨道上创造出了当时磁浮列车直线试验运行速度的世界纪录，高达 401.3 km/h。1976 年，德国 EMS 磁浮列车的 Transrapid 系列技术也开始日趋成熟，从实验阶段逐步发展成一种运输系统概念，并最终形成了 Transrapid 磁浮系统。1979 年试验车如图 6.2 所示。

图 6.2　1979 年磁浮试验车

1982 年，EMSland 试验轨道投入运行，参与试验的磁浮列车为 Transrapid06，如图 6.3 所示。Transrapid06 采用长定子直线电机，搭载由 MBB 公司提供的独立支承和导向控制系统，可承载 200 名乘客。1982 年 12 月，它在尚未完全完工的试验轨道上达到了 355 km/h 的试验速度。1988 年，在完工的环形试验轨道上，Transrapid06 达到了 412 km/h 的测试速度。

图 6.3　Transrapid06 磁浮试验车

2. Transrapid 系统

Transrapid 系统是快速安全可靠的地面运输系统。在 300～500 km/h 速度范围，能量消耗和噪声明显低，乘客的舒适度也较高。Transrapid 系统设计特别考虑了安全性、运行可靠性和对环境的影响，广泛使用了成熟的部件技术。Transrapid 系统的主要优点如下：

优点一：速度快。Transrapid 系统的运行最高速度可达 500 km/h，对于距离为 1 000 km 左右的行程，能够发挥高速运行的优势。

优点二：节能环保性好。Transrapid 系统与其他交通方式相比，污染少、噪声小、能耗低、占地少。

优点三：安全性好。Transrapid 系统的弯道外侧可以达到 16°的小曲率半径通过能力，爬坡能力强，是不会脱轨的安全运输系统。

优点四：舒适性好。Transrapid 系统采用了自动运行控制和通信系统，在各条件下均有安全保障，全速行驶时也有良好的稳定性和舒适性。

优点五：成本低。Transrapid 系统的机械活动部分少、免维修设计，取消了集电弓、接触网等设计。

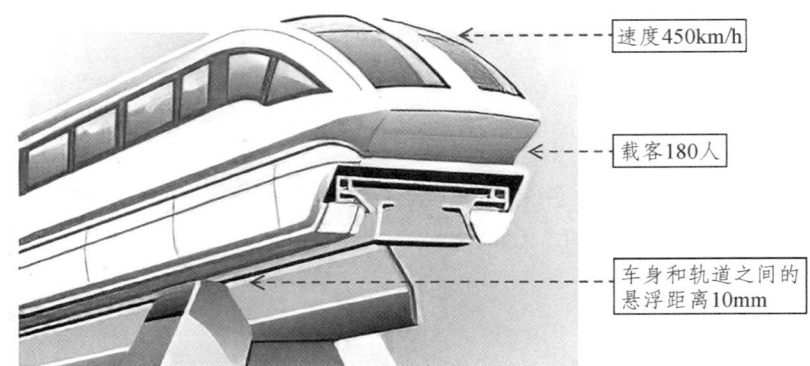

图 6.4 德国最新型磁浮列车

图 6.4 中，德国最新型磁浮高速列车，采用磁悬浮技术，由德国西门子公司制造。磁浮列车最大运行速度 450 km/h，每节车厢载客 90 人，车子总长 54 m、车子高 4.2 m、车子宽 3.7 m，车身和轨道之间悬浮距离 10 mm，见图 6.5。

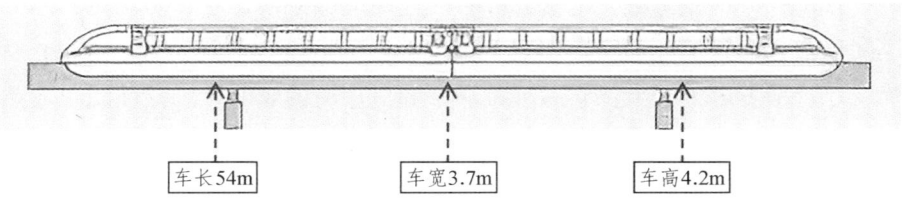

图 6.5 磁浮列车架构

在 1982 至 2000 年期间，德国就磁浮列车的实际应用展开了许多研究和尝试，比如鲁尔大区线（即连接杜塞尔多夫—多特蒙德的线路，在杜伊斯堡、埃森和波鸿设立中间站）、慕尼黑机场线（慕尼黑机场至市区火车总站的线路）等。然而这些线路都处在试验和论证阶段，没有实现真正的商业运营。

6.1.2 柏林—汉堡磁浮高铁线

德国政府和企业在 TR 磁浮高铁系统的开发过程中投入了大量的人力和物力。德国政府希望通过磁浮铁路的应用，显示其工业水平和技术开发能力，并以更有利于环境保护的方式解决交通问题。1992—1993 年，德国在对 6 条可能的磁浮应用线路进行综合评估后确认，在最大的两个城市柏林和汉堡之间最适合建造一条 TR 应用线路。修建的"柏林—汉堡新线"，如图 6.6 所示。

图 6.6 德国柏林—汉堡磁浮新线

德国政府关于建设"柏林—汉堡新线"的决定是 1994 年 3 月做出的，主要依据是 1993 年高速磁浮系统发展的技术和经济状况以及当时对"柏林—汉堡新线"交通量的预测。1997 年 4 月 25 日，德国宣布，在新的形势下，仍将建设柏林—汉堡磁浮铁路应用线，超高速磁悬浮系统将把这条全长 285 km 线路的通行时间缩短到 1 h 以内。同时，德国公布了柏林—汉堡磁浮高速铁路项目的新数据如表 6.1。

表 6.1 德国柏林—汉堡磁浮高速铁路项目数据

线路长度	起讫站	运行时间	全程运行时间		运行速度		运营时间	站台长度
			高峰期	平峰期	区间线路	密集区		
292 km	柏林勒尔特—汉堡站	60 min	15 min	20 min	430 km/h	200 km/h	6:00—次日1:00	适合6辆编组列车
客流量/万人（预测）	平均票价/km	维修养护点	变电站数目		线路占地	线路形式		支撑梁的设计
			线路用	终点站/编组		地面	高架	
1 330	£0.27	佩勒贝格	9	2	571 公顷	161 km	131 km	全钢结构

1992 年,"柏林—汉堡新线"超高速磁悬浮系统路线在大规模的可能路线调查中脱颖而出。"柏林—汉堡新线"示意图,如图 6.7 所示,双轨路线长 292 km(55% 近地,45% 高架),设有 5 个车站和 11 个系统变电站,预计行程 1 h(包括中途停车时间),最高速度为 450 km/h。

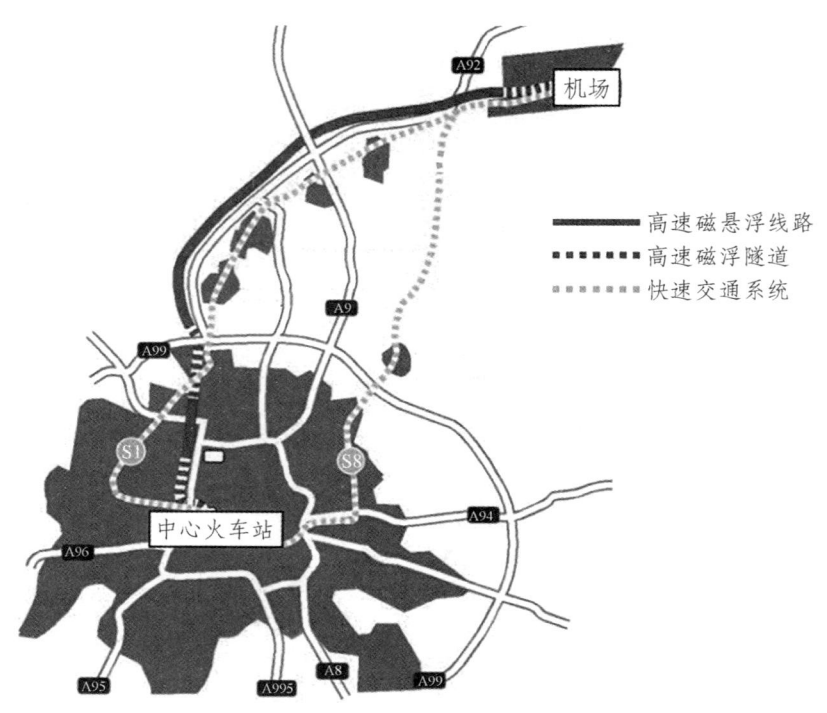

图 6.7　德国柏林—汉堡磁浮高铁路线

20 世纪 90 年代以来,德国国内很多专业机构指出磁悬浮并非不可替代,能采用更加经济的轮轨系统,没有必要花费巨资建造磁悬浮线路。最终,2000 年 2 月 5 日,德国联邦交通部以及其他参建方共同决定终止磁悬浮项目。德国关于磁悬浮长距离商业运营的讨论超过了十年,最终没有实施。原因可能为:过高的投资风险、理想化的旅客数量预估,以及磁悬浮线路设计难与原有交通系统实现对接等。

6.1.3 慕尼黑机场磁浮高铁线

2002年,德国前交通部部长波德维克提议慕尼黑磁悬浮项目(Munich Airport Maglev Project),并由德国铁路公司于2005年正式向德国联邦铁路局申请对项目规划进行确认。2004年,TRI公布德国联邦铁路局估算得出的初步预算结果时,就引发了公众对这一项目机会成本的质疑。在总体造价为18.5亿欧元的预算中,德国政府承诺从联邦财政中拨款9.25亿欧元,巴伐利亚州支付4.9亿欧元,剩余的由德国铁路公司、慕尼黑机场、西门子与蒂森克虏伯等建造企业分担。图6.8为慕尼黑机场展示的磁悬浮列车。

图6.8 德国慕尼黑机场展示的磁悬浮列车

慕尼黑机场展示的磁悬浮列车项目在环境影响方面,支持方强调,相比高速公路、轻轨或火车,将是最环保、噪声最低,也是占地面积最少的交通工具,并且可以减少二氧化碳排放,也利于保护气候。但全新的磁悬浮线路需要重新征地,包括7.2 km隧道和12 km高架桥,造成对原有环境的破坏,因而失去了慕尼黑当地居民的支持。2008年4月,德国铁路公司撤回了对磁浮项目规划的申请,意味着在法律上慕尼黑机场磁浮项目"寿终正寝"。至此继柏林至汉堡磁悬浮线路、鲁尔区都市磁悬浮特快(Metrorapid)相继被放弃后,磁悬浮项目第三度在德国出局。

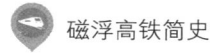 磁浮高铁简史

6.2 日本磁浮高铁系统

日本是一个对铁路情有独钟的国家，于 1964 年开通了世上首条轮轨高速铁路。"第一条东海道新干线"：因客流量急剧增加、线路老化、载荷饱和，新线路建设势在必行。"第二条东海道新干线"：日本原在 20 世纪 70 年代规划过第二条东海道新干线来分担第一条东海道新干线日益饱和的客运量，因 1975 年石油危机，"第二东海道新干线"计划被冻结。"第三条东海道新干线"：2011 年 5 月，日本国土交通大臣明确指示将原"全国新干线铁道整备法"中的"第二东海道新干线计划"与"中央新干线计划"合并，决定建设中央新干线，建设由日本东海旅客铁道全权承担。日本最新磁浮列车示意如图 6.9。

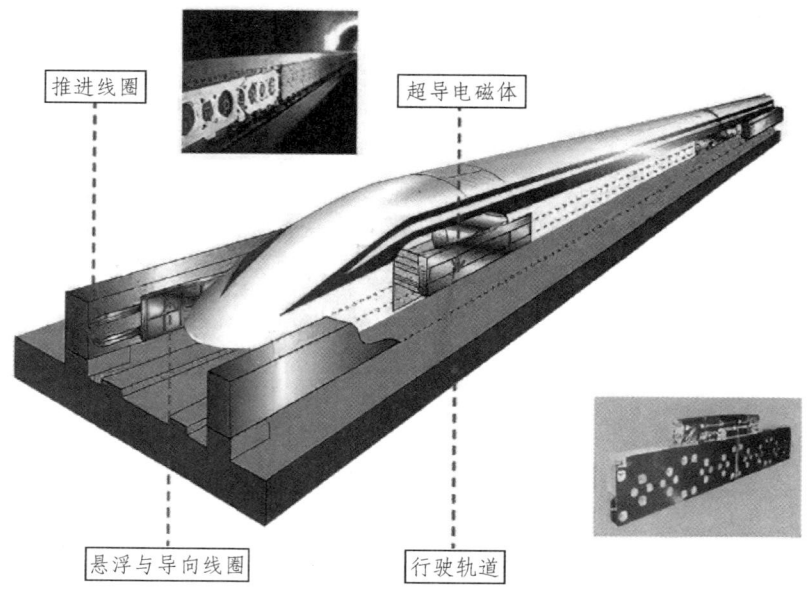

图 6.9 日本最新磁浮列车

6.2.1　日本磁浮高速路线

1. 山梨县修建磁浮高铁试验线

日本在磁悬浮技术方面有着丰富的经验和技术积累。1972 年，日本先在九州的宫崎县修建了仅 480 m 长的试验线。1990 年 6 月，日本东海旅客铁道向运输省提出了在中央新干线的山梨县路段上建造新磁悬浮试验线的请求，并得到了政府认可。山梨试验线建于 1997 年，20 世纪 90 年代内数次在试车时突破世界铁路车速纪录，如 1997 年 12 月的 550 km/h、1999 年 4 月的 552 km/h。2003 年 12 月，这条线又创造了 581 km/h 的最高速度纪录，如图 6.10 所示。2011 年，新干线 L0 型磁悬浮列车在这条试验线上的试运行距离达到了 87.8 万千米，平均每天往返 4 次以上，如图 6.11。2015 年 4 月 16 日，L0 型磁悬浮列车再次打破纪录，其速度达到了 590 km/h。2015 年 4 月 21 日，L0 型磁悬浮列车创造的最高速度纪录为 603 km/h。

图 6.10　日本山梨试验线上的高速磁浮列车

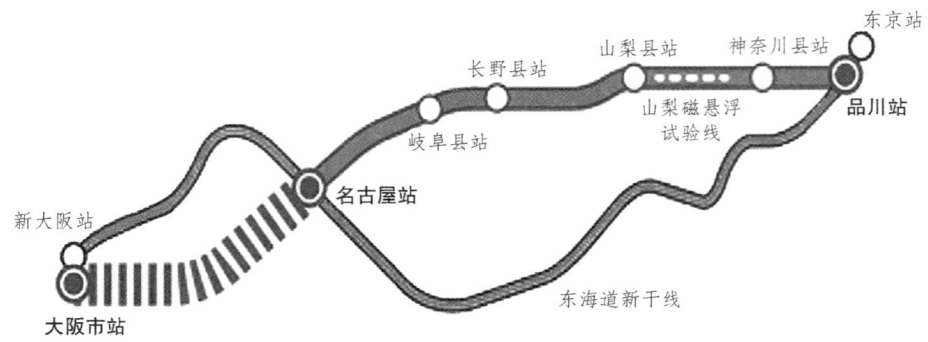

图 6.11　山梨磁悬浮试验线及新干线连接日本三大都市圈

2. 宫崎磁浮高铁试验线

日本宫崎磁浮高铁试验线全长 7 km，山梨试验线全长仅 42.8 km，还未能充分发挥磁悬浮的速度效应。因此，日本媒体认为正在建设的"东京—名古屋"线路，将是真正意义上的商业磁悬浮铁路。日本磁浮新干线连接各都市圈的线路设计，如图 6.11、图 6.12 所示。

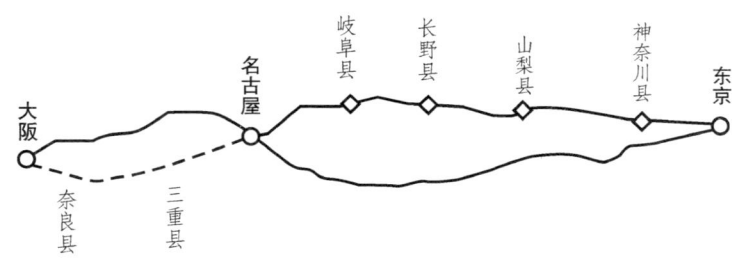

图 6.12　中央新干线连接线示意图

3. 磁悬浮中央新干线

日本规划建设了国内的高速磁浮线路——中央新干线。磁悬浮中央新干线经过东京、神奈川、山梨、静冈、长野、岐阜、爱知等 7 都县。始发站东京的品川站和终点站名古屋站将和东海道新干线的原有车站直通，设置在神奈川县等中途 4 个县份的站点也靠近原有线路的车站。预计 2027 年开通运营，全程 40 min，如图 6.13 所示。"磁悬浮中央新干线"最高速度将达到 505 km/h，全程仅用 1 h 7 min，比目前东京和名古屋之间的新干线运行时间短 1 h 20 min。

图 6.13　磁悬浮中央新干线路线图（东京—名古屋）

磁浮中央新干线工程于 2014 年年底正式开工。"名古屋—大阪"区段预计于 2045 年完工，L0 车型将用于此条线路中，如图 6.14。

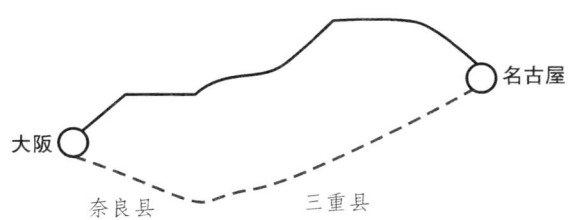

图 6.14　磁悬浮中央新干线（名古屋—大阪）

如前图，中央新干线东起东京的品川站，向西行经神奈川县、山梨县、长野县和岐阜县，接着到达名古屋，途中的设站地点分别为神奈川的相模原市、山梨的甲府市、长野的饭田市与岐阜的中津川市。东京至名古屋的路段约达 286 km，为了减少噪声和用地问题，此段共有 86% 的路轨位于地底下，地上路段仅 40 km。在东海旅客铁道于 2009 年 12 月送交国土交通省的调查报告书中，总共列出了 3 条线路，如表 6.2。2010 年 10 月 20 日，日本运政审正式宣布 JR 东海的 C 方案胜出，并表示该方案的效益成本比为 1.51。

表6.2 日本中央新干线（东京—名古屋）选择方案对比

方案	走线	长度/km	造价/日元	时间/min
A路线	木曾谷	334	5.63兆	46
B路线	伊那谷（经伊那、饭田）	346	5.74兆	47
C路线	南阿尔卑斯（赤石山脉）	286	5.10兆	40

如前所述，日本首条正式磁悬浮干线（中央新干线）将于2027年开通，连接东京和名古屋。其实日本研究磁悬浮技术已经有几十年时间了，但因技术路线是比中国、德国（常导）更激进的超导，所以处于长期试验阶段，目前原型车MLX01已经跑出了603 km/h的成绩。JR（Japan Railway Central）将于2037年开通名古屋至大阪段。届时东京至名古屋所需时间将由目前乘坐新干线的1 h 30 min缩短至40 min，从东京至大阪由2 h 30 min缩短至1 h 7 min，如图6.15所示。

日本在磁浮交通的发展战略上一直很清晰，致力于将其打造成国家名片，并且持续不断地投入研发和试验。同时，日本也将磁浮交通视为高速铁路走向海外的重要组成部分，瞄准美国这个目标市场积极推动技术出口。

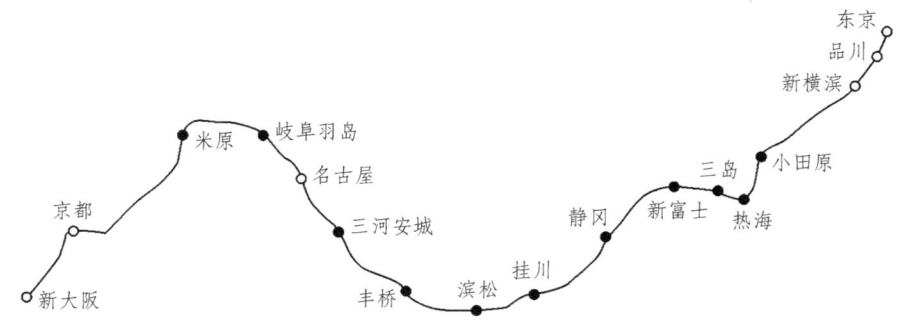

图6.15 日本中央新干线磁浮高铁线路示意图

6.2.2 日本磁浮高铁技术

上海磁浮列车示范运营线是从德国引进的技术，采用的是常导电磁方式,列车约浮在轨道 1 cm 之上运行。而日本研发的是超导方式,运行时在轨道上的腾空高度为 10 cm。东海道新干线列车的座位为每排 5 座,而磁悬浮每排仅为 4 座,载客量比新干线下降约 1/4。由于磁悬浮需要将整列车抬起运行,耗电量相当惊人,预计乘客人均耗电量为新干线的 3 倍,如图 6.16 所示。

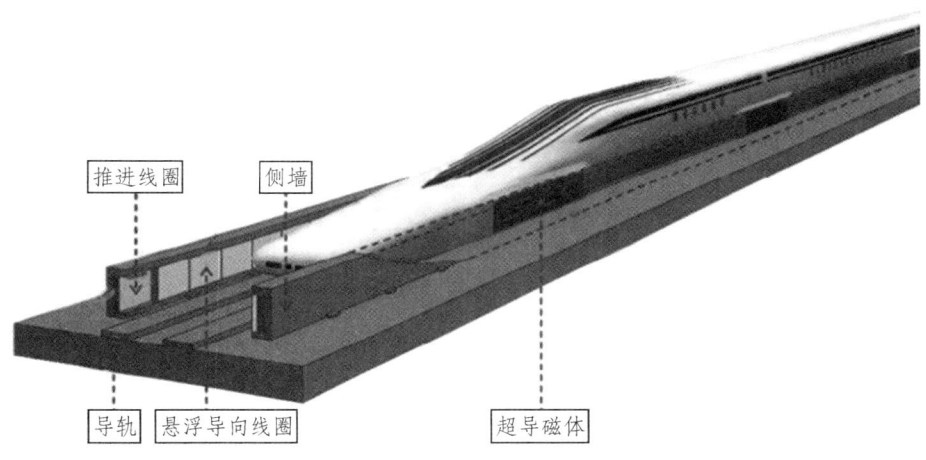

图 6.16 日本磁悬浮列车结构

技术一:超导线圈。在磁浮高铁系统中,超导线圈是磁悬浮列车的最关键设备之一,它与 U 形列车行驶导槽中设置的推力、上浮、导向等线圈一起使高速列车获得上浮、推进、导向力。日本使用的超导物质是将超细铌钛合金多芯线埋入铜母线内制成的超导电线,当此种超导电线浸入液氦($-269\ ℃$)中时进入超导状态产生强大磁场。

技术二:车载超低温冷冻系统。在磁浮高铁系统中,每一车载强磁单元上分别装有一台液氦及一台液氮压缩制冷机。液氦压缩机的作用,是将由于外部热能及列车本身行驶时产生的热能逐渐气化了的氦气重新冷冻还原成液氦。液氮压缩制冷机的作用,是将冷却超导线圈外部隔热板的液氮制冷剂重新冷却,保持 $-196\ ℃$ 低温液氮状态。

技术三:安全控制系统。在磁浮高铁系统中,高速磁浮列车的起动、加速、停止等动作均通过地面大型变频、变压装置改变向线圈输送的电流及频率进行精密控制。

6.2.3 日本磁浮高速列车

2013 年，山梨县站和神奈川县站之间全长 42.8 km 的山梨实验线全线贯通，并开始试验运行速度更快的 L0 型磁悬浮列车。2015 年，L0 型列车以 590 km/h 的最快速度打破了 2003 年由 MLX01 型列车创造的 581 km/h 的世界高速列车纪录，随后又于 2015 年 4 月 21 日再以 603 km/h 的速度刷新了自己创造的世界高速列车纪录。目前，日本正在进行包括运行试验在内的技术开发：更加深入地验证长期耐久性，对有关降低费用的技术通过运行试验进行验证，对有关改善车辆空气动力特性的技术通过运行试验进行验证。

（1）**MLX01 磁浮列车**：日本在常导磁吸式悬浮和超导磁斥式悬浮方面都有深入的研究。1962 年，开始常导磁浮技术研究。1970 年，开始超导磁浮技术研究。1972 年，日本首次成功进行 2.2 吨重的超导磁浮列车试验，测试列车在 480 m 长的试验线路上达到了 60 km/h 的运行速度。1990 年，日本决定建设新的磁浮铁路试验线，即山梨磁浮试验线，线长 42.8 km，由政府提供资金。1992 年开始建设山梨超导磁悬浮实验线。1997 年 4 月 3 日，日本建成了长达 18.4 km 的双线山梨实验线，并开始了 MLX01 型列车的试验运行，如图 6.17 所示。

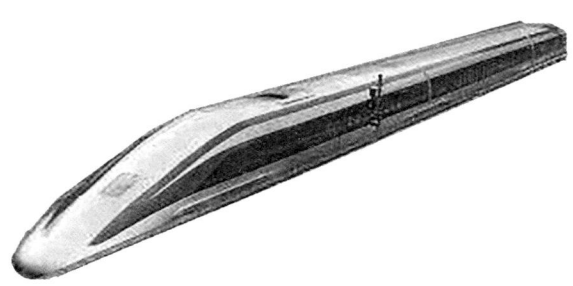

图 6.17 MLX01 型磁悬浮列车

2003 年 12 月 2 日，日本研发的 MLX01-2 高速列车创造了速度 581 km/h 的世界列车最高速度纪录。2012 年，日本 JR 东海铁路公司公布了 L0 系列磁悬浮列车原型，速度可达 500 km/h，设计拉动 16 个车厢，每列可承载 1 000 名旅客。L0 是在 MLX01 的基础上研发的，于 2013 年 6 月通过了初步测试。

（2）L0 磁浮列车：日本高速磁浮和中低速常导磁浮列车的研究均始于 20 世纪 70 年代初期。高速磁浮选择了超导磁浮，并确定了磁浮中央新干线计划，持续研发了 ML、MLU、MLX 系列以及在 MLX 基础上开发的 L0 车型，如图 6.18。日本中央新干线采用 L0 型磁悬浮列车，L0 型磁悬浮列车是指 JR 东海计划在中央新干线上投入运行的采用超导性磁浮方式的磁悬浮电车——"超导性磁悬浮"列车。车厢将安装超导磁石，靠磁力使车厢浮在轨道上。为了让列车尽可能跑出 500 km/h 的超高速，磁悬浮中央新干线的线路接近直线。

L0 型磁浮列车正式运营最高速度 505 km/h，首尾两车额定载员 24 人，中间列车额定载员 68 人。L0 型列车首尾两车拥有长达 15 m 的流线型车鼻，可以大大减小列车高速运行时的空气阻力，如图 6.18 所示。

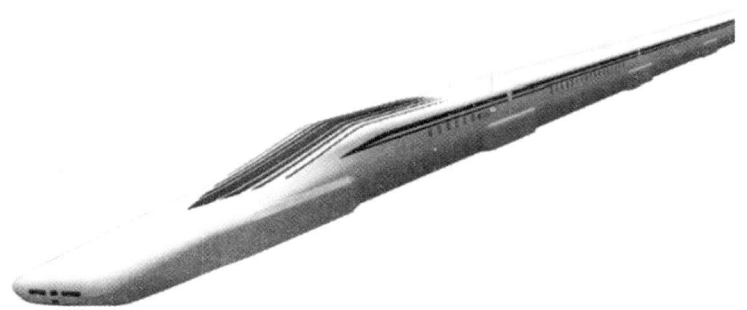

图 6.18　L0 型磁悬浮列车

东海旅客铁道此前宣布，对拟于 2027 年开通的磁悬浮中央新干线运营车辆的原型 L0 系磁浮列车进行了试运行。L0 系列新型列车的独特之处如下所述。

特点一：无人驾驶。L0 系列新型列车无驾驶员，车头最前方有小型摄像机，能识别前方物体并化解危险。

特点二：小窗户。L0 系列新型列车的窗户比目前的新干线列车要小，是为了减少比较沉重的玻璃的使用量，减轻车体重量，减少电能使用，提高车速。

特点三：高质量。L0 系列新型列车的车体使用一种坚固的铝合金材料，能保证列车在高速中安全运行。

特点四：节能好。L0 系列新型列车设计利用行驶风进行自动调节的节能平衡式空调系统，这种系统可有效避免列车行驶时由于气压变化给乘客的耳朵带来的不适感。

特点五：舒适性好。为提高列车的舒适性，磁浮高速列车在底盘与车厢之间设计了计算机控制的油压减震系统及空气弹簧减震装置，这样行驶起来极其平稳。

（3）**L0 改进磁浮列车**：日本东海旅客铁道株式会社（以下简称"JR东海铁路公司"）在位于山口县下松市的日立制作所笠户工场，它制造的磁悬浮中央线新型试验车 L0 改进磁浮列车，如图 6.19 所示。2020 年 5 月，这种新型试验车在山梨县磁悬浮实验线上进行了测试运行。

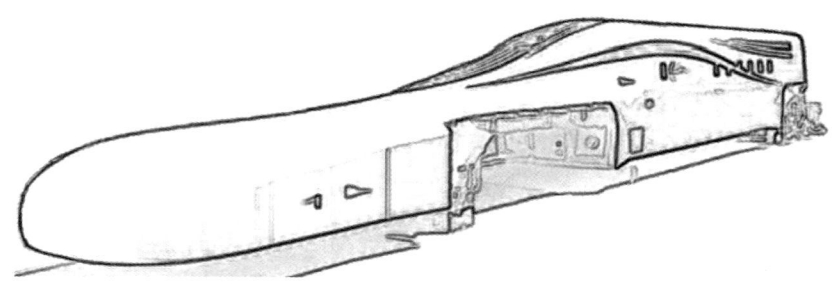

图 6.19 日本磁浮中央新型试验车

现役磁浮试验车 L0 为 7 辆编组，此次新造的试验车将替换 1 辆头车和 1 辆中间车，与现役 L0 混编为 7 辆长编组。L0 改进磁浮列车就是 L0 系的改进型试验车，改进的内容主要包括头车气动力流线、车内供电方式等方面。

改进一：空气阻力小。在磁浮高铁系统中，L0 改进磁浮列车与现役试验车 L0 相比，新型试验车 L0 改进磁浮列车的显著改进点是头车气动力流线优化，这是经过上万组流线仿真计算遴选出来的最佳结果，可将空气阻力减小约 13%，并同时降低能耗和车外噪声。

改进二：车体轻。在磁浮高铁系统中，L0 改进磁浮列车车上设备（空调、照明、超导磁铁制冷机等）的供电方式由车载燃气轮发电机自发电改为线路感应式受流供电。此种供电方式可解决有害气体排放和发电机占用过大空间的问题，使车体进一步轻量化，并同时减小空气阻力。

改进三：舒适性高。在磁浮高铁系统中，L0 改进磁浮列车除头车气动力流线和供电方式外，还对前照灯和摄像头的位置进行了调整，相比现役试验车 L0 略向上方抬高，增强了视觉上的舒适感，有利于识别前方情况。

改进四：减震效果好。在磁浮高铁系统中，L0 改进磁浮列车使用了高强度铝合金材料及半硬壳结构密封设计，同时为了提高有效荷重，列车采取了超轻量设计并大量使用了强化碳纤维树脂等新材料，提高了减震效果。

中央新干线是日本独自研发的超导磁悬浮技术首次应用在高速铁路上。这是世界上首条使用磁悬浮列车的城际铁路线，而且将超过上海磁悬浮列车，成为全球最快运营的高铁系统。

6.3 中国磁浮高铁系统

奋进新时代，砥砺新征程，加强交通工具快速化。从绿皮车到复兴号，从普速铁路到高速铁路，从轮轨高铁到磁浮高铁，中国铁路前进的脚步从未停息。特别是中国磁悬浮列车启动于世纪之交。2000 年 6 月 30 日，中德两国政府正式签订合作开展上海磁悬浮快速列车运营线项目可行性研究协议。上海引进最新的 TR8 磁浮列车，在理论上速度可以超过 500 km/h。世界上第一条商业化运营的高速磁悬浮交通系统就是上海磁悬浮示范运营线，已于 2002 年 12 月 31 日建成通车。

目前，我国已有多条运营、在建以及规划中的磁浮线路。截至 2020

年，我国商业运营的磁浮线路有 3 条，分别为上海磁悬浮示范线、长沙磁浮快线、北京磁浮 S1 线。这 3 条磁浮线路中，上海磁浮示范运营线是我国乃至世界唯一商业运营的高速磁悬浮线路。另外 2 条，则属于中低速磁悬浮线路，运行速度在 100 km/h 左右。同时，在建的磁浮线路共计 2 条、未来规划建设的磁浮线路共计 9 条，总里程超 1 000 km。其中，沪杭超级磁浮线线路、广深高速磁悬浮城际铁路以及成渝高速磁悬浮将规划为高速磁浮线路。如图 6.20 所示。

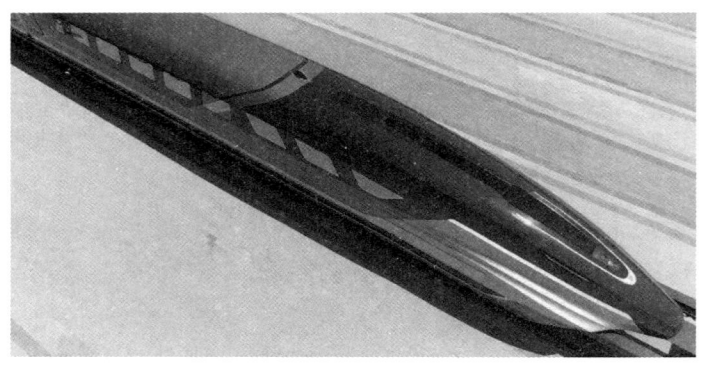

图 6.20　中国研发的高速磁浮列车模型

大力发展高速磁悬浮列车不仅有助于我国实现都市圈经济交通一体化、促进经济社会发展，也有助于我国提高科技创新能力、促进产业体系更新，并且在磁浮技术上抢占先机，形成我国高速磁浮产业化能力。

6.3.1　上海磁浮高铁系统

如前所述，上海磁浮示范线（Shanghai Maglev Line）是世界上第一条正式商业运营的磁浮铁路，对我国磁浮交通的研究和发展有着重要意义。2001 年 3 月，上海市与德国磁浮国际公司正式签订了合作修建上海高速磁浮线的项目合同。上海高速磁浮线采用德国 Transrapid08 磁浮系统，全线从浦东国际机场至龙阳路地铁站，长约 31.17 km，最高运行速度 430 km/h。2002 年 12 月 31 日，首列三节编组磁浮列车成功实现单线通车试运行。2003

年实现了双线两列车和三列车循环折返全自动运行，两列车以 430 km/h 的最高速度交会运行，五节编组列车最高试验运行速度达 501 km/h。2006 年 4 月，上海磁悬浮高铁正式投入商业运营，如图 6.21 所示。

图 6.21　上海磁悬浮示范线

上海磁悬浮铁路示范运营线是德国的 TR 型常导磁悬浮铁路技术。车辆、供电、通信及控制部分等全部引进德国技术。此运营线具体西起上海地铁 2 号线的龙阳路站南广场，东至浦东机场一期航站楼东侧，线路全长 31.17 km，运行时间约为 7 min，总投资约 89 亿元人民币，每千米造价相当于京沪高速轮轨铁路造价的 3.85 倍。此示范线如图 6.22 所示。

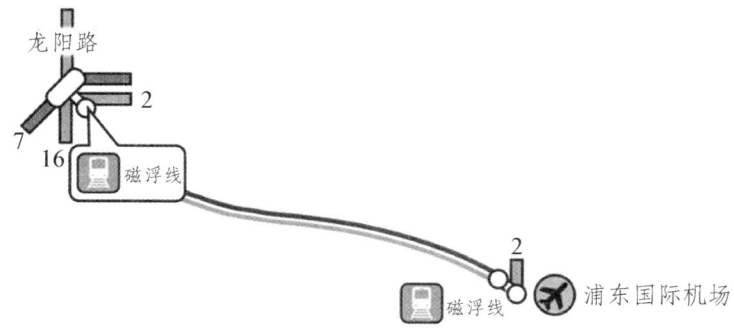

图 6.22　上海磁悬浮示范线线路图

上海磁悬浮铁路示范运营线是上海市区通往浦东机场的专用运输线，也是一条集城市交通、观光和旅游等为一体的商业运营线。它是世界上第一条商业化运营的磁悬浮铁路，大大地改善了上海市区通往浦东机场的交通条件,也为上海这个现代化的国际大都市增添了一道亮丽的动感风景线。高速磁浮交通系统具有无接触运行、速度高、启动快、能耗低、环境影响小等诸多优点。上海市磁悬浮列车示范运营线的建设,促进国际磁悬浮高速列车的先进技术和经验的引进与消化,有利于我国磁悬浮高速列车技术设计、施工建设、运营组织管理。

6.3.2　沪杭磁浮高铁系统

2006 年 3 月,沪杭磁悬浮交通项目的工程可行性研究工作就已经正式开始了。这条计划由上海至杭州的磁悬浮项目在 2010 年立项获批复,又曾在 2013 年暂时中止。2019 年 12 月 2 日,《长江三角洲区域一体化发展规划纲要》的发布,标志着沪杭磁悬浮交通项目的重新启动。沪杭超级磁浮线全长约 175 km,其中浙江段正线全长约 105 km,全线建设高架,并设有杭州东站和嘉兴站。磁悬浮沪杭线车速定位为市郊区间线路,正常运行速度为 450 km/h,中心城区内最高正常运行速度不大于 200 km/h,磁浮列车远期车辆按 8 节编组。图 6.23 所示为长三角地区交通网络。

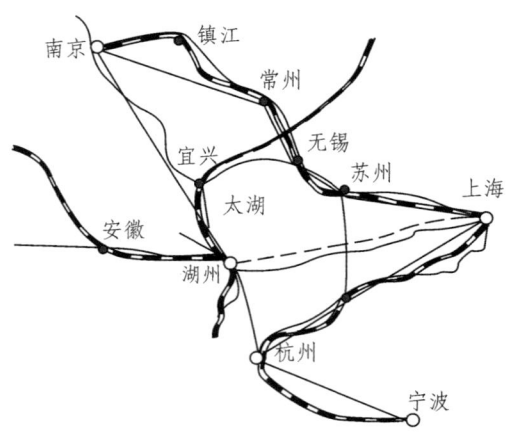

图 6.23　长三角地区交通网络

沪杭磁浮线将会使长三角南线形成 1 h 的交通圈,大大提高浙江与上海市乃至整个长三角地区交通的出行效率。从另外一个角度来说，沪杭磁浮线的建设，强化了上海、杭州的"同城效应"，将使杭、嘉、沪三市率先形成一个 0.5～1 h 的出行圈。

6.3.3 广深磁浮高铁系统

目前，广深两地间的铁路联系主要由广深港高铁和广深铁路承担，其中广深铁路速度较低，广深港高铁则接入广州南站，距广州中心区较远，均难以满足两市中心间的快速联系需求；且两条铁路的运能亦接近饱和，无法满足广深之间日益增长的客流需求。为此，深圳市指出有必要规划新增一条深圳至广州中心区的高速通道，实现广深同城化，提升大湾区一体化发展水平，如图 6.24 所示。湾区时代，广深双核联动离不开两座城市之间的高效互通。2019 年 6 月，广深第二高铁正式被提上议事日程，这条首次连接广州和深圳两大城市核心区的高铁线路，将有效解决目前广深两地铁路运力不足的问题。

图 6.24　广深港高速铁路路线图

2019 年 5 月，我国在高速磁浮技术领域实现重大突破，速度 600 km/h 的高速磁浮试验样车在青岛下线，标志着我国在高速磁浮技术领域实现重大突破。因此，高速磁浮列车填补了航空与高铁客运之间的旅行速度空白，

 磁浮高铁简史

对于完善我国立体高速客运交通网具有重大的技术和经济意义。

6.3.4 成渝磁浮高铁系统

成渝主城之间距离在 310 km 左右，如果按 600 km/h 计算，则需要 31 min；按 800 km/h 计算，仅需 23 min。然而即使是目前行驶速度最快的成渝高铁，也至少需要 1 h 27 min 才能实现主城间的通行。因此，构建成渝 600 ~ 800 km/h 超高速磁悬浮通道是最佳选择方案。超高速磁悬浮系统不但促进成渝城市群最重要的两座超级大城的融合，而且改变两地时空距离。在成渝这两大城市的带动下，成渝城市群一体化发展也将加速。成渝都市圈如图 6.25 所示。

在磁浮高铁系统中，高速磁悬浮铁路建设成本关系着它的发展推广。从总价上看，以 300 km 距离，且每千米投资 3 亿元人民币计算，成渝高速磁悬浮铁路的建设总价将在 900 亿元人民币左右。与之对比，成渝高铁系统的总投资则约为 398.9 亿元人民币。由此可见，高速磁悬浮铁路的建设成本还是比较高。不过也有相关研究学者表示，未来如果相应的高速磁浮列车市场达到一定的需求，同时磁浮铁路建设所需的材料及车辆生产实现规模化，建设成本将会进一步降低，每千米投资可望控制在 2 亿元人民币以内。

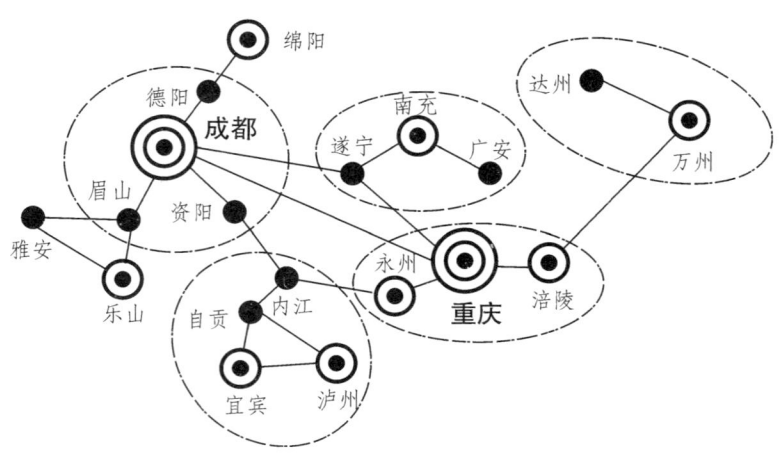

图 6.25　成渝都市圈

"交通强国，铁路先行"。我国幅员辽阔，以北京、上海、广州这样的城市为核心大城市的城市群之间，往往都有 1 000 km 以上的距离。若想让大都市群相互联系，并且在时间效益上发挥优势，发展速度 600 km/h 的高速磁浮列车就尤为重要。为了实现"交通强国、筑梦前行"的目标，磁浮高铁系统也是中国交通快速发展中的首要选择了。

6.4 磁浮高铁发展愿景

"一次重要的抉择胜过千百次的努力！今天的生活是由昨天的抉择决定的，而明天的生活是各国由今天的抉择决定的"。目前，随着世界经济的持续快速发展和社会飞速进步，已经并将继续产生极大的高速客运交通需求。高速磁浮交通系统由于有着较高的运行速度，不仅适合于相距数百千米至上千千米的交通枢纽之间的大运量快速客运交通，而且还适合于相距数十千米至数百千米的中心城市与附近重要城市之间的现代大容量高速客运交通系统。因此，磁浮高铁系统将是各国选择建设大容量客运体系时考虑的重要方案之一，特别是世界大国，如中国、俄罗斯、美国、加拿大等国家。

（1）磁浮高铁使出行便捷化。"世界那么大，我想去看看"。随着世界各国人民交流增多、生活水平提高，大家都想去享受生活，去全世界各地旅游观光和文化交流。乘坐汽车，即便走高速公路也是很累的，而且速度慢、舒适性差；选择航海，时间太长，而且舒适性不高，危险也大；选择飞机，要换航班，出行不便捷。所以，这些（汽车、轮船、飞机）交通方式都不是很理想。但是随着磁浮高铁系统的建设和普及，乘坐磁浮高铁旅行就很方便快捷，也很理想。可以设想，如果世界上磁浮高铁全部连通，开辟了最方便快捷的国际通道，这样国际接轨、连通全球，会不会促进全球一体化，实现"四海存高铁，天涯若比邻"呢？如图 6.26 所示。

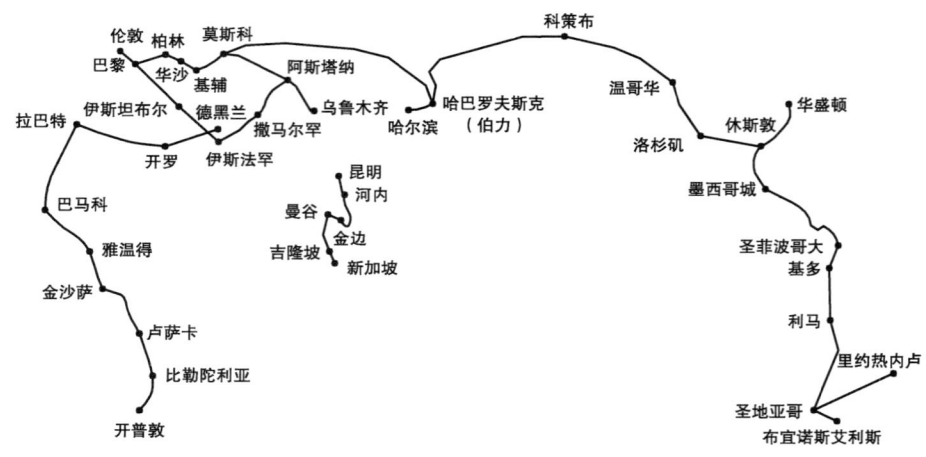

图 6.26 磁浮高铁下的全球一体化

（2）**磁浮高铁使产业发展化**。"世界全球化，产业多元化"。在全国乃至世界范围内率先建设一条推动高速磁浮项目迈向工程化、自主化、市场化发展的示范线，对我国磁浮高铁系统所有企业、科研单位都具有极大的推动作用。由于磁浮高铁具有许多可观的经济利益和不可估量的政治影响，世界许多的国家纷纷投入磁浮高速铁路的研究中。特别是日本、德国、美国等国家，都投入了大量人力和财力进行高铁系统（包括轮轨高铁、磁浮高铁和超级高铁）的研究、建设和运营。高铁全球网络化如图 6.27 所示。

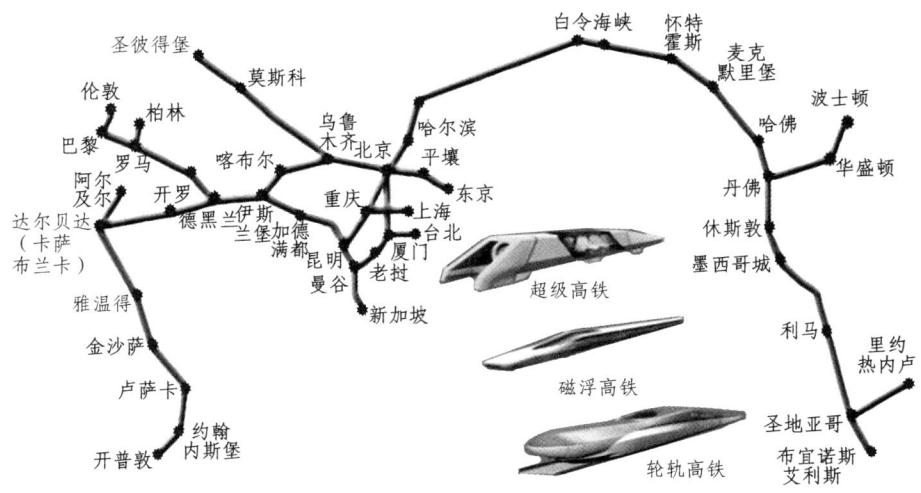

图 6.27 高铁全球网络化

（3）**磁浮高铁使物流快捷化**。磁浮高铁环境下，"人便其行、货畅其流"的目标将成为现实。磁浮高铁作为一种安全可靠、快捷舒适、运载量大、低碳环保的运输方式，已经成为世界交通业发展的重要趋势。目前，世界上已经有中国、日本、德国、瑞典、韩国、美国等多个国家和地区规划、建成和运营着磁浮铁路。特别是中国在磁浮高速铁路领域发展迅速，取得了举世瞩目的成就。因此，中国磁浮高铁的发展必定走在世界前列，一定会为全球一体化做出特别的贡献。如图 6.28 所示。

磁浮高铁相较于其他交通运输方式（如汽车、轮船、飞机等），输送能力强、速度较快、安全性好、正点率高、能源消耗较低、对环境影响较小、占地较少、舒适方便、经济效益可观、社会效益好，并以其特有的技术优势适应了现代社会经济发展的新需求，将成为世界各国发展的重要选择。展望未来，明天的世界将实现磁浮高铁环境下的地球村。

磁浮高铁简史

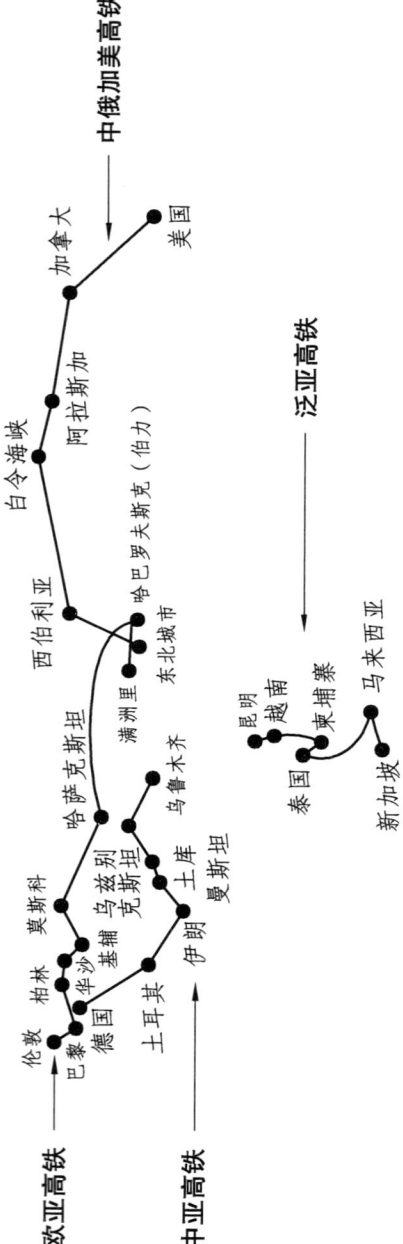

图 6.28 世界磁浮高铁线路示意

136

6.5 小　结

高速磁浮具有安全可靠、运输力强、绿色环保等多种优势。不仅如此，磁浮高铁的运行速度快，超越了目前轮轨高铁系统的行驶速度。在高铁系统中，磁浮高铁系统的速度（400～800 km/h）介于高速轮轨铁路系统（200～400 km/h）和民用航空（600～1 000 km/h）之间，既具有自身的目标服务客户群，又可以吸引民航和高速轮轨的目标客户，并与之互补。在可预见的未来，高速磁浮会对现有交通网络形成一种重要补充，它可以填补飞机和高铁之间的速度空白，满足不同人群的出行需求。

"高度改变视野、角度改变观念、尺度把握生活"。交通运输任何一代的新技术都会对相关技术产生非常大的引领和带动作用，只要把握好尺度就能改变社会、促进发展，实现"交通强国，筑梦前行"的目标。大力发展高速磁悬浮技术，其实是让我们国家交通行业的整体研发能力、产业体系不断迭代更新，不断发展进步。磁浮高铁系统的发展和运营实践表明，磁浮高铁在世界上有很大的发展空间和潜力，各国应充分利用后发优势，实现磁浮高速铁路的跨越式发展。

参考文献

[1] 毛保华,黄荣,贾顺平. 磁悬浮技术在中国的应用前景分析[J]. 交通运输系统工程与信息,2008,8(1):29-39.

[2] 陈殷. 低速永磁电动悬浮电磁力特性研究[D]. 成都:西南交通大学,2015.

[3] 黄洁,钟业喜,李建新,等. 基于高铁网络的中国省会城市经济可达性[J]. 地理研究,2016,35(4):757-769.

[4] 王莉. 混合EMS磁悬浮系统研究[D]. 成都:西南交通大学,2006.

[5] 张瑞华,严陆光,徐善纲,等. 几种典型的高速磁悬浮列车方案比较[J]. 电工电能新技术,2004,23(2):46-50.

[6] 高津利次,甘霖. 日本高铁的历史与未来[J]. 国际城市规划,2011,26(6):6-15.

[7] 李云钢,常文森,闫宇壮. 美国新型结构磁悬浮交通技术分析与比较[J]. 机车电传动,2006,46(3):6-9,39.

[8] 郭大为. 国外高速铁路建设与运营组织模式[J]. 铁道运输与经济,2004,26(8):79-81.

[9] 李希宁,佟来生. 中低速磁浮列车技术研究进展[J]. 电力机车与城轨车辆,2011,34(2):1-4.

[10] 林国斌,连级三. 日本磁悬浮高速铁路发展情况及山梨试验线的技术与系统特点[J]. 机车电传动,1998,38(4):3-5.

[11] 严陆光. 关于我国高速磁悬浮列车发展战略的思考[J]. 中国工程科学,2002,4(12):40-46.

[12] 万尚军,钱金根,倪光正,等. 电动悬浮型磁悬浮列车悬浮与导向技术剖析[J]. 中国电机工程学报,2000,20(9):23-26,32.

[13] OGATA M，MIYAZAKI Y，HASEGAWA H，et al. Basic study of HTS magnet using 2G wires for maglev train. SJES092145341333，2010，47（20）：1782-1786.

[14] 王素玉，王家素. 高温超导电磁悬浮[J]. 低温与超导，1999，27（4）：3-5.

[15] 崔宸昱. 真空管道 HTS 侧浮列车驱动系统研究[D]. 成都：西南交通大学，2017.

[16] 刘黎明，杨培志. 高温超导线（带）材的研究进展[J]. 低温与超导，2006，34（1）：48-51，67.

[17] 石定寰. 日本中低速磁悬浮技术及其应用前景[J]. 交通运输系统工程与信息，2007，7（5）：1-4.

[18] 白雪. 高速超导磁悬浮列车的转向架设计[D]. 成都：西南交通大学，2011.

[19] 刘少克. 日本磁悬浮列车 HSST-100 运行试验综述[J]. 机车电传动，1997，37（6）：31-33.

[20] 刘文旭，李文龙，方进. 高温超导磁悬浮技术研究论述[J]. 低温与超导，2020，48（2）：44-49.

[21] 秦伟，范瑜，李硕，等. 电磁电动式磁悬浮装置的磁场分析和力特性研究[J]. 电机与控制学报，2012，16（1）：67-71.

[22] 邓自刚，李海涛. 高温超导磁悬浮车研究进展[J]. 中国材料进展，2017，36（5）：329-334，351.

[23] 徐正国. 电磁永磁混合悬浮磁悬浮模型车控制方案的研究[D]. 北京：中国科学院，2005.

[24] 王洪帝. 基于悬浮力特性的高温超导磁悬浮车-桥系统垂向振动响应研究[D]. 成都：西南交通大学，2019.

[25] MNICH P，王渤洪. 德国和日本磁悬浮高速铁路系统的现状和比较[J]. 变流技术与电力牵引，2001，19（6）：1-8.

[26] TOMITA M，MURAKAMI M. High-temperature superconductor bulk magnets that can trap magnetic fields of over 17 tesla at 29 K. SSJD002808363330，2003，421（6922）：517-20.

[27] 刘卫东. 日本 Linimo 磁浮线的技术特点和运行情况[J]. 城市轨道交通研究，2014，17（4）：133-136.

[28] 田晓岑，张萍. 磁悬浮列车原理简介[J]. 大学物理，2000，18（8）：42-43，46.

[29] 吴丹. 高速磁悬浮列车运行控制与传统轮轨列车运行控制的比较[J]. 交通运输系统工程与信息，2003，3（4）：79-81，88.

[30] 陆一娣. 磁悬浮列车的原理及应用[J]. 现代物理知识，2009，21（6）：43-47.

[31] 冯仲伟，方兴，李红梅，等. 低真空管道高速磁悬浮系统技术发展研究[J]. 中国工程科学，2018，20（6）：105-111.

[32] 倪鸿雁. 中低速磁浮列车悬浮电磁铁的电磁特性研究[D]. 长沙：国防科学技术大学，2005.

[33] 邹芹，李瑞，李艳国，等. 超导材料的研究进展及应用[J]. 燕山大学学报，2019，43（2）：95-107.

[34] 肖立业，古宏伟，等. YBCO 超导体的电工学应用研究进展[J]. 物理，2017，46（8）：536-548.

[35] 周榕翔. 超导磁悬浮列车及超导技术的应用[J]. 价值工程，2020，39（4）：264-266.

[36] 贺光. 基于 Halbach 结构的永磁电动与电磁混合悬浮技术研究[D]. 长沙：国防科学技术大学，2010.

[37] PAN S T，WANG S Y，JIANG D H，et al. Influence of the Vertical Inclination of Permanent Magnet Guideway on Levitation Characteristics of Hts Maglev System. SSJD155719390970，2011，24（5）：1677-1681.

[38] D'OVIDIO G，CARPENITO A. Dynamic Analysis of High-Temperature Superconducting Vehicle Suspension. SSJD155719390970，2015，28（2）：591-595.

[39] 孙玉玲，秦阿宁，董璐. 全球磁浮交通发展态势、前景展望及对中国的建议[J]. 世界科技研究与发展，2019，41（2）：109-119.

[40] 盛蓉蓉. 中低速磁浮交通牵引供电系统接地保护研究[J]. 铁道工程学报，2016，33（10）：97-101.

[41] 武建刚，张思秘，蔡萍. 超导材料的应用发展和专利分析[J]. 中国发明与专利，2018，15（11）：12-16.

[42] 刘金鑫，葛琼璇，王晓新，等. 高速磁浮牵引控制系统半实物实验研究[J]. 电工技术学报，2015，30（14）：497-503.

[43] POWELL J R，DANBY G T. Magnetic suspension for levitated tracked vehicles. SJES001122750095，1971，11（3）：192-204.

[44] 朱进权，葛琼璇，孙鹏琨，等. 基于自抗扰的高速磁浮列车牵引控制策略[J]. 电工技术学报，2020，35（5）：1065-1074.

[45] 马光同，杨文姣，王志涛，等. 超导磁浮交通研究进展[J]. 华南理工大学学报（自然科学版），2019，47（7）：68-74，82.

[46] 席卿浩. 轨道激励对新型中低速磁浮列车动态特性的影响研究[D]. 成都：西南交通大学，2018.

[47] 路峻岭，秦联华，顾晨，等. 超导磁悬浮实验原理简析[J]. 大学物理，2016，35（6）：20-28.

[48] 邓自刚，张勇，王博，等. 真空管道运输系统发展现状及展望[J]. 西南交通大学学报，2019，54（5）：1063-1072.

[49] 李家志，索红莉，王毅，等. 超导材料在磁悬浮列车上的应用进展（上）[J]. 铁道技术监督，2020，48（3）：38-44.

[50] 李家志，索红莉，王毅，等. 超导材料在磁悬浮列车上的应用进展（下）[J]. 铁道技术监督，2020，48（4）：51-57.